U0582111

青少年心理成长护航

关注青少年心理成长，著名儿童心理学专家 李红

人际交往的秘密
（青少年版）

主编 张萍　　副主编 何腾腾 李宇晴 罗婷婷

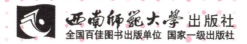
西南师范大学出版社

全国百佳图书出版单位 国家一级出版社

青少年心理成长护航丛书
编委会

给青少年朋友的信

亲爱的同学们：

　　青春是人生中最灿烂的年华，如梦如歌。青春，这个亮丽的、充满生机和朝气的字眼总是让人羡慕。但正当青春年华的我们，心中并不是完全明亮、欢乐的，我们也有自己的小忧愁、小哀伤。而人际交往问题是造成我们经常觉得"郁闷"的很重要的原因之一。

　　20世纪最伟大的心灵导师、美国著名的人际关系学大师戴尔·卡耐基说："一个人的成功，只有15%是由于他的专业技术，而85%则主要靠人际关系和他做人处事的能力。"可见，一个人能否良好地与他人交往对他未来成功与否起着决定性的作用。从事教师工作之后，我发现很多青少年都不知如何正确处理人际关系。或许你也和他们一样，不知道该如何打开自己的心门让朋友走进自己的世界，不懂得怎么跟父母和老师心平气和地进行交流。这些困扰都让我们的生活失去了本该拥有的明亮色彩。

　　本书正是从此现状出发，希望能帮助同学们解决人际交往中的难题，从而拥有一个快乐、幸福、温暖的青春。我们以生活中的故事为切入点，对人际交往的意义，人际沟通的构成要素及人际交往从开始建立、破裂再到修复的各个阶段进行了构思，试图用通俗易懂的语言解释我们人际交往中最常出现的一些现象，并在"心理小锦囊"部分对解决问题的方法进行了充分的说明，再配合"心动行动"部分的具体活动，相信阅读了此书的同学一定能够从中获益。希望大家借由此书能游刃有余地处理人际关系问题，为未来的成功累积财富，为幸福的人生积蓄能量！

编　者

目　录

给青少年朋友的信

第一篇　认识交往　开启美好人生
　　　——人际交往概述篇

　1. 众里寻他千百度：朋友啊，你在哪里？ ………… 2

　2. 外面的世界很精彩 ……………… 7

　3. "网"事知多少 ……………… 13

　4. 沟通无极限 ……………… 17

第二篇　把握沟通　撑好交往之舟
　　　——人际沟通认识篇

　1. 体会人际沟通的无限魅力 ………… 30

　2. 掌握说话之道 ……………… 35

　3. 无声可以胜有声 ……………… 40

　4. 做一名"情绪侦探" ……………… 46

第三篇　美丽邂逅　人生只如初见
　　　——人际关系形成篇

　1. 打开自己的窗子 ……………… 52

　2. 缘，妙不可言 ……………… 58

　3. 交往中不得不说的秘密 ……………… 63

　4. 人生初见时 ……………… 68

　5. 我的地盘我做主 ……………… 75

第四篇　完善交往　深情厚谊需技巧
　　——人际关系确立篇

1. 信息对等　坦诚相待 …………………………… 80
2. 学会倾听　让心靠近 …………………………… 84
3. 设身处地　将心比心 …………………………… 89
4. 学会说不 ……………………………………… 97

第五篇　情之所至　亲密并不能无间
　　——人际关系深化篇

1. 爸爸妈妈，我爱你们！ ………………………… 103
2. 宽容坦诚　融洽和谐 …………………………… 108
3. 珍惜友情　暂缓爱情 …………………………… 114
4. 咫尺天涯　天涯咫尺 …………………………… 120

第六篇　独上西楼　少年已识愁滋味
　　——人际关系障碍篇

1. 遭遇背叛，情何以堪 …………………………… 131
2. 谎言，毒药 or 良药？ ………………………… 136
3. 不"打"不相识 ………………………………… 140

第七篇　和好如初　莫让哀愁绕心头
　　——人际关系修复篇

1. 靠近你，温暖我 ………………………………… 145
2. 用爱烘干潮湿的心 ……………………………… 149
3. 拨开云雾见太阳 ………………………………… 154
4. 对不起，我错了！ ……………………………… 158

第一篇　认识交往　开启美好人生

——人际交往概述篇

花一样的年纪，拥有着灿烂美好的青春。无数人为之吟诗作赋，在他们眼中，青春如歌，永不言败；青春如诗，意蕴悠长；青春如酒，浓香醇厚；青春如花，灿烂明媚。我们赞美它的华丽，也感叹它的短暂。但无论是芳华绝代还是稍纵即逝，拥有青春的日子里我们都不是独自一人在前行。总有人送我们简单的快乐，也给我们莫名的忧伤。家人、伙伴、老师抑或是不知名的路人都会是我们描绘青春画卷过程中的"灵感来源"。让我们一起来初步认识人际交往，给青春涂上最绚丽的色彩！

人际交往的秘密

1. 众里寻他千百度：朋友啊，你在哪里?

——认识人际交往的重要性

 ## 生活小故事

周华健的《朋友》歌词如下：

"这些年，一个人，风也过，雨也走，有过泪，有过错，还记得坚持什么，真爱过，才会懂，会寂寞，会回首，终有梦，终有你，在心中，朋友一生一起走，那些日子不再有，一句话，一辈子，

一生情，一杯酒，朋友不曾孤单过，一声朋友你会懂，还有伤还有痛，还要走还有我。"

 ## 心理显微镜

时代在进步，科技在发展，许多东西都在改变，有些东西却是亘古不变的。人，生活在社会中，就需要与其他人打交道，通过交往来与他人交流、增长知识、提高能力，完成由"生物人"向"社会人"的转变。

人的一生都在与他人打交道　如果封闭自己，切断自己与周围人的联系，非但不能成长，就连做一个正常的人都是不可能的。婴儿一出生就通过与父母的交往来学会说话、走路等。随着年龄的增长，交往范围扩展到学校，又扩展到社会，在更广阔的环境中不断成长。"狼孩"的故事告诉我们，即使婴儿身体健康，如果不在有人类同

伴的环境中成长，也将无法适应社会，成为真正的人。我们的身边或许有这样的例子，有些同学不懂得如何与他人交往，将自己封闭在自己的世界里，不和其他同学沟通交流，自己的苦恼和心事憋在心里。这样的他没有感受过同学们之间愉悦相处的气氛，情绪长时间低落抑郁，平时也缺乏体育锻炼，生理和心理的健康状况明显下降，最终积郁成疾，导致精神失常，无法坚持正常的生活和学习。可见，良好的人际交往对我们成为健全的人非常重要。

交往对个体一生的发展都至关重要 与他人交往的益处多多，俗话说"朋友多了路好走""多个朋友多条路"。社会越先进，越体现出交往的价值。据英国《每日邮报》报道，美国科学家发现，与朋友良好的、积极的互动能够帮助人体保持健康；而消极的、充满敌对的关系则会让人体免疫力和机能下降。青少年时期是人生中的一个重要阶段，正逐步提高与他人和社会交往的技能。走进新学校，适应新生活，与新同学搞好关系，结识新的朋友，在这些情况下都需要青少年要有良好的与他人交往的能力。正处在这样时期的你有没有想过生活中你为什么在不断地结交新朋友？你在与他人的交往中收获了什么？又付出了什么？

交往帮助我们正确认识自己 特尔斐神庙门前的箴言"认识你自己"通过苏格拉底闻名全世界。中学时期，是人的自我认识逐步成熟的时期，也是人自我完善的起点。人们可以通过许多的方式认识自己。心理学有一个"镜像自我"的术语。"镜像自我"就是可以通过他人来认识自己，在与他人交往过程中所获得的对自己的评价等信息，以丰富对自己的认识。通过人际交往、同别人的比较，人们会更容易发现自己的长处和短处，更加有针对性地保持自身的优势，克服自身的劣势、取长补短，不断完善自己。中学生认识自己的一个重要途径就是与周围的同学、朋友进行比较，以他人作为衡量自己的尺度和借鉴的镜子，从中更全面地认识自己。在同一个班级中，如果考试成绩名列前茅，就认为自己学习是努力的，学习

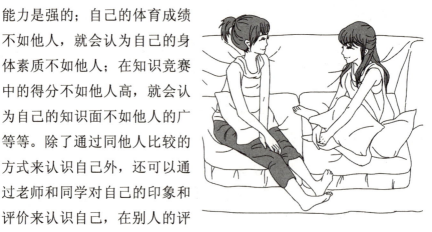

能力是强的；自己的体育成绩不如他人，就会认为自己的身体素质不如他人；在知识竞赛中的得分不如他人高，就会认为自己的知识面不如他人的广等等。除了通过同他人比较的方式来认识自己外，还可以通过老师和同学对自己的印象和评价来认识自己，在别人的评价中不断深入地认识自我、完善自我。我们身上的某些方面是无法被我们自己察觉的，你表现出来了但是却没有意识到，别人对你的评价和反馈就是你更深入认识自己的一面镜子。

心理小锦囊

　　友情是人生中非常重要的一种感情，朋友让你的人生丰富多彩。当进入一个全新的环境，是否会去结交新朋友？当要完成超过个人能力的任务时，是否会与朋友协同合作共同来完成？当伤心或者开心时，是否会与朋友一起分享？遇到困难时朋友的支持和鼓励能成为顺利渡过难关的力量？让我们来看看找到朋友的几个方法：

　　积极交往，做环境的适应者　世界上唯一不变的就是变化。面对瞬息万变的世界，我们所能做的就是时刻准备着适应新的环境。《谁动了我的奶酪》的故事告诉我们，只有时刻准备着去适应变化的环境的人才能活得精彩。生活中的变化无处不在。离开了熟悉的朋友和学校，进入到一个全新的环境，开始一段新的旅程。对于我们来说需要积极地调整心态，积极地去结交新的朋友，适应新的环境，做环境的适应者，而不是被陌生的新环境打败。以乐观的心态面对生活中的改变，这既是一个挑战又是一段全新旅程的序幕，拉开序幕后将有一段更加精彩的人生上演。

善于交流，开阔眼界　英国作家萧伯纳说："如果你有一个苹果，我有一个苹果，彼此交换，我们每个人仍只有一个苹果；如果你有一种思想，我有一种思想，彼此交换，我们每人就有两种思想，交往的范围越大，获得的信息就会越多。"中学生主要任务是学习文化知识和认识社会，大部分时间都在学校中度过。思想活跃，善于接受新信息和学习新知识，对中学生活和社会生活充满了好奇，并希望通过与老师和同学的交往来不断丰富自己的认识等都是中学生的特点。除了现实交往，网络的普及正日益改变着人们的交往方式。通过网络交往使"秀才不出门，便知天下事"成为可能，也使与他人的交往跨越了地域、时间等的限制，促进了信息的传递和沟通。

寻求情感支持≠脆弱　当在群体中时，我们会有一种归属感，也就是说感到自己是属于这个团体的，被这个团体所包容。在团体中会觉得安全、幸福，有所归属，不会觉得自己是一个不被人需要、如同被遗弃的孩子般地感到孤独、寂寞，无处藏身。当我们孤独寂寞时，如果好朋友陪在身边，一起哭、一起笑，一起痛苦、一起快乐，这时你还会感到孤单无助吗？

寻求朋友的精神支持、情感支撑并非脆弱的标志和象征。人，有血有肉有情感，都会遇到挫折，这时朋友能够带来的支撑力量是无穷的。向朋友倾诉、寻求支持是必要的。"人"字是由一撇一捺支撑，才会站得稳当。心理学家证明哭泣和倾诉是宣泄情感和压力的绝佳方式之一。朋友是人生中重要的存在，与朋友分享你的快乐，这样快乐会变成双倍；而与朋友分享痛苦，这样痛苦便会减半。共同生活、共同学习的中学生更要加强与朋友情感联系。如果相互之间情感淡漠、产生距离，互相封闭，就会影响整体的欢愉、融洽的气氛和对集体的热爱。在这种氛围中一些同学会感到孤独、寂寞，还将会影响正常的学习。

心动行动

　　交往对我们如空气般重要，但我们可能也像忽略空气的存在一样没有认识到这个事实。让我们通过下面这个小游戏来体验一下吧。

　　下面是一个时钟，在一天 24 小时里，你都是怎样度过的呢？有多少时间是与朋友一起度过的呢？仔细回忆一下你过去一天的生活轨迹，把生活中典型的一天所做事情的大体时间段，比如从下午 3~5 点与同学逛街，6~7 点吃晚饭等，记在时钟相应的时段上。通过这个记录可以计算一下你每天有多少时间是与朋友在一起度过的，这些时间包括面对面交往，也包括在网上的 QQ 聊天、发微博、发邮件等交往方式哦……

我的一天

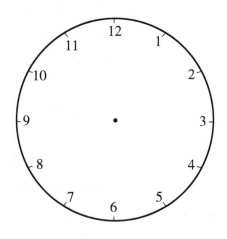

2. 外面的世界很精彩

——认识人际交往类型

 生活小故事

第一次打工的感受

今年的暑假生活我过得很累，但却很充实很满足。因为我走出了象牙塔，小小地体验了一把踏入社会的感觉。我来到了一个餐厅打工，在第一天我就碰到了一位故意刁难我的客人。也许我真的是对菜品不熟悉，当他问我有什么特色菜时，我竟然一句话也答不上来，只是傻傻地笑着。当时真的觉得很尴尬，只想找个地洞钻进去算了，幸好有位服务员姐姐帮我渡过了难关。

有过这个经历之后，我便认认真真地背起了菜谱，我的耐心和努力终于有了回报，我可以熟练地给客人介绍菜品、端盘子、倒水、摆餐具了。从早上9点干到晚上10点，我一直重复着同样的工作。虽然很累，但是很满足，尤其是到月底结算工资的时候，别提有多高兴了。但是在与同事和老板的交往过程中仍然发生了许多不愉快的事情，跟他们交往的方式和在学校里与同学交往的方式不一样。

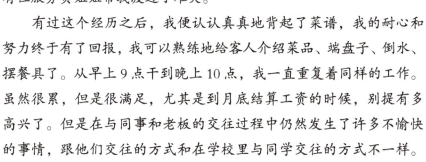

都说社会交往要比朋友交往复杂得多，这下我终于体会到了。但是不管怎样，终究是我积累的一笔无形的财富啊……

　　暑假的这段实践活动，让我感触最深的就是人际关系的处理。其实，大家都是为了工作走到了一起，每个人都有他们自己的个性和特点，要想跟他（她）处得好，需要很多的技巧，就看你怎么把握了。我想说的一点就是，在交流中，既然我们不能改变一些东西，那就需要我们学会去适应。我获得的最重要的经验就是如何待人接物、如何处理好人际关系。所以我觉得这次的体验还是大有收获的。

 心理显微镜

　　如果你完成了第一小节的"心动行动"部分，你就会发现，在一天 24 小时中，你会与形形色色的人打交道。就像"生活小故事"中的同学，走出了家门和校门，与领导、同事、顾客等进行了接触，开展了交往。我们每天都生活在这样一个由各种关系编织的网络中，这个网络是由不同类型的人际交往组成的。在中国的传统文化中，人际关系被划分为五种类型：君臣、父子、夫妇、兄弟、朋友，即"五伦"。现代社会中，有人依据交往中所扮演的角色，将人际关系分成了家族关系、职业关系和性别关系。还有人按照人际交往中连接的纽带将人际关系分为：地缘关系、血缘关系、业缘关系和趣缘关系。更有人依据每个人交往的风格和方式，将人际交往分为自我中心型、亦步亦趋型、社会功利型和自我封闭型。自我中心型的学生往往认为自己是最好的，在集体活动中以自我为中心，较少考虑到他人的感受，我行我素；亦步亦趋型的学生在与他人的交往中"没有自己"，是"老好人"式的交往，过多地迁就他人、依附他人；社会功利型的学生觉得与他人的交往就是一场交易，如果这场交易中对自己没有好处，那么交往就没有必要再继续了；自我封闭型的学生则将自己"关"起来，不去和他人交往，只待在自己的世界中。

　　青少年主要的生活学习环境有家庭环境、学校环境和初步的社

人际交往的秘密

会环境，最常见的人际交往的分类方式也就是依据环境或者交往的人来划分，主要有亲子交往、同学交往、师生交往和社会交往等。

亲子交往　家庭是人生的第一所学校，父母是人生的第一位老师。家庭是我们人际交往的起点，父母是我们最初的也是最亲密的交往对象。我们的第一句话是对父母说的，我们走出的第一步是在父母的帮助下完成的。家庭交往中，父母的性格、交往方式、教养方式等都会潜移默化地影响着孩子，而孩子的行为方式也逐渐带上了父母的色彩。

中学生正处于青春期，各个方面逐渐成熟，开始寻求独立，需要自己自由的空间。如果此时不能与父母进行良好的沟通，而是被横加干涉，我们就会觉得父母无法理解自己的感受，总是插手自己的生活，就会产生逆反情绪。或许你听过朋友这样的抱怨："父母不经我的同意看我的日记，监听我的电话，我该怎么办？""考试没考好，父母骂了我，好烦啊！""父母只关心我的成绩，从不和我沟通，我该怎么办？"这些亲子矛盾又是谁的错呢？你是否在与自己的父母的交往过程中有过这些酸甜苦辣呢？你想过用什么有效的方法来解决矛盾吗？

同学交往　中学生在学校环境下的交往主要可以分为师生交往和同学交往。对于中学生来说，一天中的大部分时间都是在学校中度过的，同学和老师成为中学生日常交往的主要对象。同学们共同学习、共同生活、共同成长。在相互交往过程中取长补短，互相帮助，共同进步。交往过程中有笑语、有泪水、有合作，也会有矛盾。总之，同学之间的交往总是在不断地磨合，在这样的氛围中逐渐丰富自己、开阔视野、不断成长。失意时的慰藉、伤感时的温暖、跌倒时伸出的援手、重新振作时的掌声，都是我们人生最鲜亮的色彩……

师生交往　师生交往是学校生活中的又一重要交往形式。在师生交往中，教师与学生共享着在交往中形成的丰富资源，改造自己的生活，学习一切有利于自身发展的内容，不断地完善自己。"教学相长"就是师生共同成长的经典语录。作为初中生，已经可以独

立地思考并作出判断，会对老师形成自己喜欢与否的评价。这无所谓对错，但是要有意识地调整好自己对老师的看法，如果因为不满意老师而对老师所教的学科产生厌学情绪那就不妥当了。对老师要有正确的态度，只有这样才能够认真听取老师作为一个年长者和学识丰富者对自己为人之道的指导和知识的教导，通过向老师不断学习来充实自己，提高自己。

社会交往　成长过程中，总要脱离家庭和学校，进入社会生活领域，开始自己的新生活。而中学阶段正是这种生活的开端，逐渐接触到社会的更多方面，需要与更广范围的人进行交往，比如与邻居交往、与陌生人交往、与商店老板交往等，这种能力正是青少年需要注意去培养的。如果你无法与他们进行正常的交往，那么信息的闭塞使一个人的进步成长变得不可实现。

正所谓"读万卷书不如行万里路"，只有接触到社会的不同方面，与社会中不同的人进行交往，才能开阔眼界、宽阔胸怀，否则只能是井底之蛙，一个目光浅薄的人。中学生迟早要踏入社会，也要接受来自社会的挑战，因此，我们不仅不能回避与社会交往，而且必须学会社会交往，培养和锻炼社会交往的能力。

心理小锦囊

无论是与父母交往，还是与同学、老师交往，或者是与其他人交往，有一些交往小窍门是共通的。

主动交往，沟通无极限　主动与父母或朋友沟通是维持良好关系的前提。任何误会和不愉快经过双方的沟通交流后都会烟消云散。父母是很好的倾听者，饭前或饭后经常与父母聊一聊学校里发生的有趣事情，聊聊高兴的事和伤心的事，这样的分享让亲子之间的关系更加融洽和亲密。朋友之间也是这样，朋友之间坦诚交往不但不会让友谊淡化，反而会更加亲密。

用心倾听　听，不是仅仅用耳朵去听，要用心去听。专注的倾听传递出来的力量有时会比喋喋不休的说更强。朋友伤心难过时，你的倾听传递给他的是支持的力量；与父母争吵或父母大发脾气时，尝试不急于辩解，认真听完父母的话再来沟通。

主动道歉　如果事情是你不对，主动向朋友道歉，不要沉默，不要逃避，不要因为面子而将事情藏起来导致越来越糟。当你迈出了第一步，你会发现原来事情没有想象中的那么难，原来事情没有想象中的那么纠结，并且可以这么轻松地冰释前嫌。所以，鼓起勇气主动些吧，或许你的朋友也在为他的行为感到愧疚，不知该如何开口吧。

心动行动

人际财富大盘点

每个人都有属于自己的人际关系网络，而这将是你人生中的一大笔财富。现在，就让我们一起来盘点一下我们人生中的财富。

准备一支笔和一张白纸，在白纸的中间画一个实心点来代表自己。以实心点为中心，画出三个半径不同的同心圆，有大有小，代表三种人际财富或者人际圈。半径越小，离圆心的距离越近，代表与你的关系越亲密。

第一，最小的圆内是你的"一级人际财富"。处在这个圈内的朋友，你们相亲相爱。他们分享着你内心的秘密和喜怒哀乐，他们是极少数能够走入你内心深处的人。这个圈子内的人可能不会太多，但却是你最大的心灵慰藉，也是你生命中最重要的成长力量。

第二，半径再大一点的圆内是你的"二级人际财富"。处在这个圆内的朋友，你们彼此关心，时常聚在一起聊天玩耍，一起分享快乐和痛苦，一起努力奋斗。虽然你们之间有些秘密是无法分享的，但这种朋友却让你感到人生的温馨。

第三，半径最大的同心圆是你的"三级人际财富"。这些朋友，

可以是平时见面打招呼，但是需要帮助的时候他们也会尽力帮忙的朋友；可以是曾经亲密，但渐渐疏远了，却仍在你的心中占有一席之地的朋友；也可以是平时难得一见，却不会忘记在逢年过节问候一声的朋友。

第四，同心圆外部的空白是你的"潜在人际财富"。他们与你虽然关系相对疏远，但仍属于你的人际财富，把他们的名字写下来。

一般来说，每个人都需要一定数量的朋友来维持不同程度的人际关系，或亲密或疏远，这些关系都是必不可少的。你的人际关系现状如何呢？是否合适？如果你的人缘很好，是什么原因？你身上有哪些品质给你带来了这样的好人缘？如果人际关系不好，那又是什么原因导致的呢？看一下你刚刚整理出来的"人际财富图"，整理一下自己的人际财富，反思自己在人际交往中所体现出来的性格特点，找出自己需要继续发扬和改进的地方。

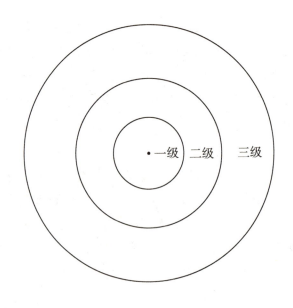

3. "网"事知多少
——正确认识网络人际交往

生活小故事

一"网"情深

　　大家都不知道最近李锐到底是怎么了，有时候兴高采烈，有时像霜打的茄子。更要命的是单元测验，他竟有好几门功课亮起了红灯。原来读中学的他恋爱了，而且还是当今比较流行的"网恋"，女友是远在深圳的"靓的想毁容"。

　　李锐不善于交际，朋友很少。后来他听同学说网上有很多美眉，就偷偷地跑到网吧，申请了QQ号和电子邮箱。也是从那个时候起，他开始了网恋，他们在一起谈天说地，甚至还能像成人一样在网上献花、送漂亮的衣服、互致思慕之情……现在，李锐每天都盼望早一秒下课，好与女友在网上约会，品尝恋爱的"甘果"……

心理显微镜

　　网络是青少年课外生活重要方式之一。网络社会是人的第二生存空间，它是不同于传统交往方式的一种全新的交往模式。借助QQ、微博、微信、人人网等，我们可以突破时间、空间的限制与他人交流。它以其独特的优势异军突起，成为当今社会年轻一代主要的交往方式。

第一篇　认识交往　开启美好人生

13

网络成为中学生交往的重要途径之一 网络交往可以跨越现实交往中的年龄差异、地位差异等障碍。可以说信息技术革命也变革了人际关系，它为人类开辟了全新的沟通途径，带来了巨大的便利。它改变了我们的交往模式，拓展了我们的交往范围，通过全方位多层次的信息传播为学生提供了更为方便、范围更大的社会交往机会，使其社会性得到不同以往的延伸和发展。

网络交往是把双刃剑 很多同学在学习、考试时候等都会求助网络搜集资料。在新的网络交往模式给我们带来巨大便利的同时，还要注意其带来的不良影响。网络世界毕竟与现实世界有着一定的差距，过度沉迷其中会让人与现实生活产生距离感，甚至产生"网络孤独症"。其主要症状有，过度依赖网络、疏远周围的伙伴和朋友、越来越冷漠和孤僻。此种新生疾病已成为上网青少年中的"流行性感冒"。有些中学生忙于点击，等待画面的出现，很少专注地思考问题，什么问题都去网上查询，懒得动脑思考；越来越少地与他人进行直接讨论和交流，不知不觉中削弱了与他人进行直接交往的能力。

在网络中所扮演的角色同现实中的角色也是不同的，如果无法在二者之间进行合理地转换，将会产生人格冲突。另外，网络的匿名性和虚拟性也使网络交往的可靠度降低，许多中学生也因相信网络上的人而上当受骗。网络交往的这种匿名性和隐蔽性也使一些人的阴暗心理得到无所顾忌地宣泄。但青少年的身心发展并不完备，社会交往经验并不丰富，极有可能成为这种被污染的交往环境的受害者，也有可能在无意之间参与其中，推波助澜，破坏网络环境。据调查，有40%以上的中学生曾经在网上与未曾谋面的陌生人交流情感，而"网恋""网婚"也是网络交往的一种特殊模式，在现实中无法完成的都寄托于网络来完成，削弱了对现实生活的免疫力，这对青少年的身心健康都有不良影响。

心理小锦囊

网络交往只是一种新型的交往模式，对于一件没有生命力的东西来说，是没有对错之分的，之所以会有人因为网络、因为不当的网络交往而走上歧路甚至犯罪，归根结底都是在于人。在生活中，我们可以发现，同样年纪的学生，有的对网络有正确的认识，并能很好地借助其所带来的便利不断地提高自己；有的则沉迷于网络交往所带来的一时快感，无法自拔。甚至有些同学试图利用网络的匿名性来对他人进行人身攻击，造成恶劣的影响，这些都是对我们以后的人生发展非常不利的。但仍有相当一部分同学像刚才列举的例子中的主角一样，经历着网络带来的责任感缺失和道德感沦丧的危机。这些问题亟待解决。

正确认识网络　除了依靠社会来加强网络管理，强化中学生网络建设，进一步提升网络交往过程中的信任度和安全性，净化网络交往环境，让网络成为更加健康、积极的一个交往平台之外，我们还要提醒自己的父母和老师注意一个问题，网络的普及和网络交往的流行必定是有其原因的。网络给我们的生活带来了巨大的影响，正确地使用网络也益处多多。虽然有许多网络违法乱纪的事情发生，但我们不能因噎废食，因为害怕我们受到网络中的不良信息的影响，而绝对地压制和杜绝网络使用。这是无法解决问题的，正处在青春逆反期的初中生，压迫越重，反抗也越激烈。

做网络的主人　网络是不同于现实社会的世界。我们是生活在现实社会中实实在在的人，这不同于网络中的虚拟角色和环境。对于自己要有一个恰当的认识，悦纳自己，是人就会有优点和缺点，有高兴也会悲伤，遇到困难会想放弃，想在网络世界中寻求寄托也很正常。但是，最重要的是我们要认识到这些问题，要鼓起勇气去面对，因为这些痛苦的事，实际是我们成长的契机，我们能够借此更加成熟。认识到网络只是一个工具，像自行车一样，但是有些道路是不适合骑车的，走走或许会看到更美的风景。让我们做一个聪明的孩子，不要变成网络的"奴隶"，而是要成为网络的"主人"，这样我们的生活才会更加丰富多彩。

4. 沟通无极限

——正确识别并应对人际交往的不良心理

青少年时期正是人生发展的关键时期。这一时期，身体逐渐发育成熟，在心理上会要求别人像对待成人那样对待自己，寻求自己对生活的"绝对领导权"。但不能否认的是，青少年的心理并不如成人般成熟，对许多问题的认识不够深刻。现实和理想之间总是存在一定差距，势必会造成一定的情绪困扰，影响与其他人的正常交往。当代青少年大部分是独生子女，在父母的宠溺中长大，较易产生"自我中心"心理，同时青春期的中学生正处于逆反期，很容易造成在交往中的逆反情绪。除此之外，社会的大环境、整体风气同样会对中学生的交往产生一定的影响。

很多中学生在处理人际关系方面显得力不从心，在人际交往中屡屡受挫，会发出"做人真难"的感慨，知难而退，把自己封闭起来，最终导致冷漠、孤独，有的甚至走上轻生的道路。一项调查显示，只有 45% 的中学生能够真正做到与人友好地相处和交往；45% 的中学生的人际交往能力有待进一步提高；仍有 10% 的学生只有在急需与他人交谈的情况下才去与他人交往，否则便总是待在自己的小世界里。总体而言，中学生在与他人进行交往时，主要有以下不良心理：

（1）孤僻心理

 生活小故事

我是集体中无人问津的人

我与同学们交往的时候，总能感觉到因为我内向的性格而感到特别拘谨。小时候，父母管教我就很严格，几乎涉及每个方面，我谨小慎微地生活在一个人的世界里。在学校里我不知道该如何与同学交往，如何与同学沟通，因此我没有好伙伴，没有好朋友，陪伴我的只有书本。

由于整天与书本相伴，我的学习成绩非常好，我以比较高的分数考上了我们市里最好的中学。然而，在新的环境中我感到非常苦闷，我看到其他同学都有说有笑，一起参加各种各样的活动。看着同学们在聊天，我也好想与他们聊一聊，但是我不知道该如何与他们说话，自己根本就插不上话。慢慢地，我觉得我生活的世界他们无法理解，我也同样无法理解他们生活的世界。我觉得在自己一个人的世界里很好，又安静，又安全。

但是看到别人经常一群一群玩耍，我的心里也会感到压抑。想多了的时候就难以专心学习，于是我的成绩也不再突出，我似乎没有一点点可以引以为豪的东西了。同学们在一起高谈阔论的时候，我只有躲在一边。我不属于这个集体，没有人理会我。我该怎么办？

心理显微镜

故事中的中学生饱受孤僻心理的困扰。处于青春期的他自我意识进一步的发展，独立欲望和自尊心明显增强，内心世界开始有条件地开放，所以会渴望与他人交流。但是仍有一部分学生像他一样，由于长期生活在自我封闭的世界里，他们上课、上学等通常都是孤独一人，周围没有朋友，很少参加集体活动，总是独来独往。有烦恼、困惑等仍选择"对谁也不说"的态度，导致烦恼愈积愈深的恶性循环。

孤僻一般来说有两种情况，一种是孤芳自赏、自命清高，不愿与他人为伍，与人不合群，于是将自己封闭起来；另一种是有某种特殊的怪癖，使人无法接纳，进而影响了正常的人际交往。

像例子中的学生一样，也有很多的中学生有着强烈地与他人交往的愿望，想要同其他的同学一起谈天说地，但却不知道该如何融入集体，如何开口，于是便将自己封闭在自己的世界中，想要走出去，却没有勇气迈出第一步。这时，你需要做的就是相信自己，勇敢面对自己，面对他人，勇敢走进同学中去展现自己，只要勇敢地踏出第一步，以后就容易多了。

（2）恐惧心理

 生活小故事

我到底在怕什么

我是一名14岁的初中女生，性格乖巧，家里人都说我很可爱，也很讨人喜欢。爸爸妈妈很爱我，夸我懂事。我的学习也很好，擅

长唱歌和画画。我小时候很开朗，几乎能让所有的人开心喜欢，周围有很多的好朋友、好伙伴一起玩耍，大家也都很喜欢我。

可是所有的一切都在我上初中后改变了，我现在越来越不愿意与他人交谈，常常一个人上网，但心里却很难受。我害怕与周围的同学交往，也不知道怎么与他们交谈，说些什么。每次一想到要去与周围的人、与同学打交道就会很紧张，我也不知道自己是怎么了。

我变得不再开朗，变得沉默，周围也没有那么多的好朋友，渐渐地远离了所有的人……

和比较陌生的人交往、说话，像是有道屏障，不能表现自如，感觉到很害怕，但是我也不知道在害怕什么，可能是害怕别人不喜欢自己，害怕自己说错话，害怕别人会因为自己的所作所说而嘲笑自己……

 心理显微镜

中学生都有与别人交往的欲望，但是却没有走出第一步的勇气，主动地去与别人交往。他们常常表现为在与人交往时，尤其是在大众场合下，会不由自主地感到紧张、害怕以致手足无措、语无伦次，严重的会害怕见人，尤其是害怕与比自己水平高、能力强或有所成就的人进行交往，怕他们瞧不起自己。有些人一到人群中就会觉得紧张不安，在课堂上、教室里或者图书馆里都会觉得别人在注意自己，挑剔自己或者轻视自己，以至无法专心听课、看书。这些恐惧时刻伴随自己左右，时强时弱，影响到自己正常的生活和交往，让人感到特别痛苦。

（3）嫉妒心理

生活小故事

既生瑜，何生亮

小王和小李原本是一对好朋友。平时他们一起出入教室、图书馆、实验室、宿舍、食堂，可谓情同兄弟，形影不离。他们有着共同的兴趣爱好，共同的人生目标；他们相互帮助，互相关心，两人的学习成绩都很好。后来，小王被同学们推选为学生会的学习部长，评为"三好学生"，这时小李的心理就失去了平衡。他认为，两人的学习成绩、工作能力等都不相上下，各方面的表现也差不多，为什么好友小王能当上学习部长，还被评为"三好生"，而自己却"一事无成"呢？小李百思不得其解，越想心情越糟糕，开始滋长不满和怨恨情绪。从此，两个好友开始疏远，小李还经常无中生有，造谣中伤小王，两人关系越来越紧张，一对好朋友似乎成为了仇人。

心理显微镜

嫉妒是指在意识到自己对某人或某事的占有意识受到潜在的或现实的威胁所产生的不满、仇视或愤恨等情绪的复合。嫉妒心理自古有之，周瑜就曾嫉妒诸葛亮的才能，并因此吐血身亡，死之前仍仰天长叹："既生瑜，何生亮！"现在的社会中，嫉妒心理仍较为常见。较易产生嫉妒情绪的人通常心理承受能力较差，经受不住挫折，没有自信，常常对在某些方面超过自己的同学产生轻蔑或者仇视等情绪，有些甚至会对其打击报复，并逐渐疏远同学，严重影响了与

 人际交往的秘密

同学之间的正常交往。例子中的两个人本是一对好朋友，但是"嫉妒"却让他们最终反目。

　　嫉妒是痛苦的制造者，是一种十分狭隘而又危险的情感状态。它不仅严重影响人际关系，而且强烈的嫉妒心可以吞噬人的理智和灵魂，在嫉妒心的驱使下，有人采取造谣、中伤甚至更极端的做法，来达到心理平衡，最终害人害己。因此在交往过程中，要有一双"火眼金睛"，善于发现它的存在，并及时调适自己的心理状态，提高自身修养。

（4）自卑心理

 生活小故事

别再叫我"矮冬瓜"

　　我是一名男生，一名中学生，但是我的身高却总是让我在男生中抬不起头来。相比于同班同学，我个子很矮，而且很瘦，虽然我长得不差，但是仍然会因为身高而感到自卑。我害怕与别人交往，尤其是同学，总觉得他们会因为身高嘲笑我，叫我"矮冬瓜"。所以，我很少跟同学一起走，久而久之，也越来越不会与朋友相处。放假也只能一个人在家对着电脑度过，有时候想想，自己真的是一无是处……

　　我很讨厌别人拿我的身高开玩笑，但是就是有些同学爱开，还没完没了，我不理他们他们也开，有时候我会因此大发脾气，搞得同学之间的关系很僵。我也很无奈，明明我都已经因为这个很痛苦了，为什么他们就是不懂，还要来戳我的痛处？为什么？

　　其实我也很想跟他们一起玩，一起踢球、一起打打闹闹，但是却总是不知道该如何做。我很害怕他们又会因为身高而不接受我，会因为这个而耻笑我……

心理显微镜

　　自卑是初中生在人际交往中较常见的一种不良心理。经调查发现，有52%的初中生在与他人交往的过程中带有一定的自卑心理，其中17%的学生自卑心理较明显，4%的学生自卑心理严重。交往中存在有自卑心理，轻则使学生无法自在地与同学交流、交往，重则使其无法正常学习、生活。

　　有这类心理的学生常常会觉得自己事事不如别人，对自己的言谈举止和能力没有信心，只知其短不知其长，在与他人交往时害怕其他同学不理自己，担心遭到其他同学的耻笑和拒绝。不敢主动、积极地与其他的同学交往，怕见生人，尤其是有异性同学在场时，常常会面红耳赤，不知道该说些什么，说话也是结结巴巴的。

（5）自傲心理

生活小故事

骄傲的孔雀

　　小张以总分超过"重点分数线"五十多分的绝对优势进入某重点中学。入学后，他偶然得知自己的分数比班上大部分同学高出许多，因此他产生了一种优越感。在与其他同学的交往过程中，他总是不自觉地扮演"优胜者"和"领导者"的角色，以居高临下的姿态与周围的同学交流，总觉得自己高人一等。他常常在不经意间伤害了别人，造成与同学之间的冲突和摩擦。不仅如此，他甚至连自己的

任课老师都不放在眼里。渐渐地，同学们离他远去，不愿意与他交往；老师也对他产生了不良的"观感"，对他印象不佳。在"离群索居"的孤独中，小张逐渐陷入了极度的苦闷中。

 心理显微镜

自傲心理就是在人际交往中，表现为不切实际地对自己作出过高的评价，在同学或朋友面前盛气凌人，瞧不起别人，总是觉得自己是最"厉害"的，不屑与比自己"低一等"的人交往。自信心是青少年成长和成才所不可或缺的一种心理品质，但如果过分自信，自以为是，自以为天下无敌，那就是傲慢自负了。俗话说"谦虚使人进步，骄傲使人落后"，过分自信就是自傲、自大，而如果过分缺乏自信就是自卑。自卑和自大虽是相反的两个方面，但却都是不能正确认识自己的表现。每个人都有自己的优势和劣势，都有自己的价值，我们都需要认识到这些，通过从别人身上学习他们身上的长处来更好地提升自己，不应骄傲，瞧不起他人。

因此，要正确培养自尊自信心理，必须正确地认识自己，既要看到自己的优点，又要看到自己的缺点，取长补短，善于发挥优势，才能健康成长，使自己的素质得到全面提升。

（6）自私心理

 生活小故事

自私的小辉

小辉是班里的班干部，成绩优异，特别爱读书，见识广，活泼可爱，深受老师的喜爱。但是最近却有同学反映，她在学校与其他同学的交往中表现得很自私。同学们说，寝室的卫生她从来都没有做过；放学后她做值日，作为班干部的她总是把最重、最麻烦的活分给其他的同学来做；课堂上她热了，也不顾别的同学冷不冷，理直气壮地就把窗户打开；有的同学有不会做的题目向她请教，她总是推拖说还有作业没做完；她也除了与班里学习好的同学交往，根本不会与其他同学有所来往。

心理显微镜

有的学生在处理人际关系的时候就像我们故事中的小姑娘一样，显得很自私。总是觉得自己才是最重要的，自己是关系的中心，总是会先考虑与别人交往对自己来说是不是有什么好处，如果认为没有任何的益处，那么就不会继续这段朋友关系。在他们的眼中，"友谊"并非真情实意的情感交流，根本没有所谓的"铁哥们""好朋友"，交往只是人与人之间的彼此利用，是双方利益互惠的代名词。他们的"友谊"随时可以"天长地久"，随时也都可以"土崩瓦解"。

在他人利益与自己利益有冲突时，在集体利益与个人利益不能兼顾的时候，他们往往只会考虑自己的得失。有些同学会阳奉阴违，表面上对老师、家长或其他同学很顺从，关系很好，但是暗地里却又是另一个情况。虽然这样的学生占少数，但倘若抱着这种心态，对健康的人际交往是毫无益处的，要充分认识到自私心理的危害。

心理小锦囊

很多的时候，这些人际交往中的心理误区不是绝对孤立的。有些同学在交往的过程中可能同时会有多种不良心理的重叠，各种不良心理相互影响，相互"促进"，造成了人际交往中的各种问题。诚然，提升人际交往能力的书籍中会介绍各种各样、数不胜数的技

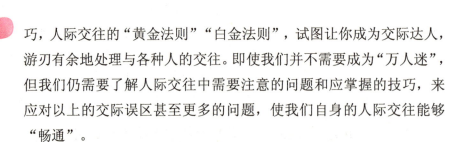

巧，人际交往的"黄金法则""白金法则"，试图让你成为交际达人，游刃有余地处理与各种人的交往。即使我们并不需要成为"万人迷"，但我们仍需要了解人际交往中需要注意的问题和应掌握的技巧，来应对以上的交际误区甚至更多的问题，使我们自身的人际交往能够"畅通"。

充分认识自己在交往中的不良心理　与他人进行交际的过程中的嫉妒心理、自卑心理、自大心理、自私心理、恐惧心理和孤僻心理等都阻碍了正常的人际交往，造成了不良影响，需要我们去改变、克服，而且这些不良心理也是能够通过努力去改变和克服的。认识到自己交往中的不良心理，找出其中的原因是改变的第一步，也是最重要的一步。

主动与对方沟通　意识到存在于自己身上的问题后，接下来就要鼓起勇气去克服它，首先要做的就是要积极地参与社会交往，主动地与他人沟通，逐步树立自信。与他人交流多了，渐渐地会发现，原来想象的可怕场景并未发生，与人交往并没有那么可怕，别人也没有嘲笑自己，自己也有越来越多的人陪伴……俗话说"爱在心头口难开"，如果不主动地去开口说，别人是不会知道你的想法的，所以主动地走出第一步，你会发现，原来自己以外的世界是如此的美妙。

积极的自我暗示　自卑心理、恐惧心理和孤僻心理等都会在交往之前就否定自己，认为别人是不会接受自己的，失败后会是怎样的难过，没脸见人等，这些消极的自我暗示导致一个人只停留在自己的小世界中。多一些积极的自我暗示来代替消极的，与他人交往时告诉自己，我可以的，从内心里为自己打气，甚至可以为自己一个小小的进步而奖励自己，从而迈出更大的一步，走出自卑、恐惧和孤僻。

朋友之间学会换位思考　一切良好关系的维护都需要信任，不是建立在信任的基础上的关系犹如空中楼阁，随时都会倒塌，因此朋友之间要相互信任，相互理解。理解万岁，一旦出了什么事情，你可以试着把自己放在对方的立场上来考虑，"如果我当时处于那样的情境下，我会怎么办？我能怎么办？我会处理的比他还好吗？"诚实地面对自己的回答，不要欺瞒自己。学会去理解别人，提升自己的换位思考能力。

心动行动

交往能力监测站

　　通过下面的这个问卷可以对自身的人际交往能力的强弱做一个测查。同时还可以针对不同的交往对象如老师、同学或父母等的不同人际交往能力进行评估，并有针对性地进行改进哦……好吧，接下来就可以开始挖掘自身的交往能量了。

中学生人际交往能力测试

　　下面有许多描述，你需要仔细阅读每句话，思考每句话是否符合你自己的情况。如果符合的话，回答"是"；如果不符合或者与你的真实情况不同，回答"否"；但如果无法确定到底符不符合自己的情况，回答"不确定"。注意，每一个题目都要认真作答，不要遗漏哦！

　　1. 我不喜欢与其他学生一起做游戏和学习。

　　2. 我不喜欢说话，有时宁愿用手势表示意愿，也不用语言表达。

　　3. 我不愿和任何人的目光接触。

　　4. 同学们不喜欢和我一起做游戏和学习。

　　5. 同学们不喜欢在我面前讨论各种问题。

　　6. 父母总是对我管束严厉、动辄训斥。

　　7. 放学后我不愿意回家而喜欢在外面玩。

　　8. 我对爸爸妈妈的谈话十分反感。

9. 我对爸爸妈妈的斗嘴、吵架感到无所谓，习以为常。

10. 爸爸妈妈从来不过问我的任何事，在他们眼里我是可有可无的。

11. 老师对我特别挑剔，专爱与我过不去。

12. 老师在课堂上从来没有看过我一眼。

13. 在路上看到老师，我总是设法躲避或装着没看见。

14. 老师家访时经常"告状"，向爸爸妈妈讲我的坏话。

15. 我觉得老师对我太不公平了，真想和他们大闹一场。

评分：

对于每个题目的描述，如果你的回答是"是"，计1分，如果你的回答是"不确定"，计2分，如果你的回答是"否"，计3分，将每道题目的得分相加，计算出你的最后得分。

得分越高，说明你的人际交往能力越强，人际关系较好；分数越低，说明你的人际交往能力越弱，人际关系较差。

如果你的最后得分在40分以上，说明你的人际交往能力较强，人际关系较好；低于20分的同学，说明你的交往能力相对较弱，人际关系较差，需要进一步学习来提升你的交往能力哦。

第1题到第5题主要测查的是与同学之间的交往，第6题到第10题主要测查的是在家庭中与父母之间的交往，第11题到第15题则测查与老师之间的交往情况。如果你每个方面的得分在5~7分之间，说明该方面的交往能力较弱，关系较差；如果得分在7~11分之间，则说明该方面的交往能力尚可，关系一般，仍然可以提升；如果得分在11~15分之间，则说明该方面的交往能力较强，关系很好。同学们可以用它来检测自己在哪方面的能力处于优势和劣势，然后有针对性地加以改进。

（摘自朱永新《校园守望者——教育心理学论稿》）

第二篇　把握沟通　撑好交往之舟

——人际沟通认识篇

　　假如人一生下来就没有了同类，没有与他人的交流，人的生活会变成什么样子？也许，人的生活将与动物没有任何区别。没有交流，人就不知道世界是什么，不知道自己是谁，不知道为什么而活着。

　　你是否能听懂别人真正想说的？

　　说话时，你有没有充满关爱地望着他人？

　　你会不会给他人报以鼓励的微笑？

　　你是否及时感受到别人的快乐与悲伤？

　　你是否尝试过跨上心灵的梯子来接近他人？

　　让我们带着这些问题一起来学习吧。

1.体会人际沟通的无限魅力

——把握沟通的要素

 生活小故事

让沟通成为打开心灵的钥匙

一把坚实的大锁挂在大门上，一根铁杆费了九牛二虎之力，还是无法将它撬开。钥匙来了，它瘦小的身子钻进锁孔，只轻轻一转，大锁就"啪"得一声打开了。

铁杆奇怪地问："为什么我费了那么大力气也打不开，而你却轻而易举地就把它打开了呢？"

钥匙说："因为我最了解他的心。"

每个人的心，都像上了锁的大门，任你再粗的铁棒也撬不开。唯有关怀，才能把自己变成一把细腻的钥匙，进入别人的心中，了解别人。所以沟通时，一定要多为对方着想，以心换心，以情动人。

 心理显微镜

每天，我们以各种方式进行沟通。我们交流思想、情感，交流着各自的变化、欢乐、高兴和痛苦。沟通是构成我们的生活、实现我们的目标、满足我们的需要的重要内容。不论我们所做的沟通是否有效，沟通构成了我们日常生活的主要部分。

我们的沟通方式反映了我们的内心世界，以及我们的能力和自信，它们使我们的智慧与才能闪出夺目的光彩，同时也会影响他人对我们的印象。

人们为什么要准确地把握沟通的要素呢？这是因为研究表明我们的生活和工作中70%的错误是由于不善于沟通造成的。避免错误是人们需要沟通的理由之一。人们之间沟通出现困难的原因包括：缺乏信息或知识，没有适当地说明重点；没有倾听，没有完全理解问题和询问不当；只顾按自己的想法，不理解他人的需要；失去耐心，时间太短，情绪不好等。

如果我们认识不到这些困难，或者不知道如何进行适当的处理，那么人与人之间的沟通效果就会大打折扣。

事实上，人与人之间的沟通是一个相当复杂的互动过程：情境、参与者、信息、方式、干扰与反馈是沟通的六大基本要素，也是影响我们沟通是否成功的重要因素。

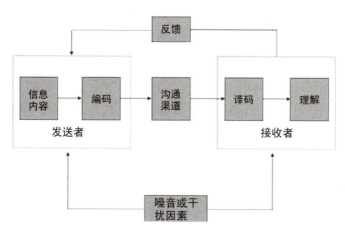

在沟通时，我们常会遇到一些干扰以至于沟通受到影响。

外在干扰　存在环境中的人或物、声音或其他刺激来源都算是外在干扰。例如：小伟跟小茗在谈事情时，突然飞来一只很漂亮的蝴蝶，小伟之后就无法专心下去了。

内在干扰 内在干扰是那些阻挠沟通过程进行的思想与情绪。例如：小茗正在跟小伟讨论暑假泰山之行的安排，但是，小伟在想要怎么说服莉莉参加这次活动。

语意上的干扰 不同年代会有不同的用语，所以要注意用词。例如：小明问老爸觉得"菊花台"怎么样，他说没喝过。

心理小锦囊

要想获得有效沟通，就需要从沟通的六个基本因素出发：

注意沟通的情境，做到具体情境具体分析 情境，简单说就是某种情景、场地中各种因素的综合。人们在沟通时所处的不同情境会影响沟通的效果。比如光线、音量等物理情境都会影响到你的沟通。例如：在烈日下还是在昏暗的灯光下，你比较愿意说出自己的心事？在家中、学校、聚会、外出游玩等不同的社会情境里，人们所做的沟通内容与方式也都有所不同。我们在跟好朋友沟通时，常常不用完整地说完，对方就能理解你的想法，因为在过去的某个时候你们沟通的内容可以帮助现在的你们来互相理解。例如：大鹏看见小伟就大骂："你好可恶！"而小伟忙着道歉，旁人看得一头雾水。如果我们知道他们的故事，就会知道为什么会这样啦。原来，大鹏昨天约小伟打球，而小伟迟迟未到，让大鹏一个人在寒风中颤抖。

我们的心情也会影响到沟通。我们都知道，心情好时与郁闷时，沟通的方式也不一样。不同国家或者不同民族的文化是不同的，所以人们的沟通方式也有不同。例如：伸舌头，在我国表示恶心或者调皮，但是在某些民族却表示友善。

注意沟通参与者的不同 参与沟通的每个人因性格、生活环境、教育程度等的不同，对事情的看法和理解不同，所以在沟通时需要注意对方的沟通方式与理解方式跟我们的不同，以免造成误会。对一个比较敏感的对象来说，夸他有时可能被理解为变相的讽刺。

注意沟通的信息是否正确传递 你在沟通中传达给对方的内容他（她）接收到了吗？理解对了吗？人们可以通过沟通传递很多信息，包括你想要表达的是什么？用什么符号表达？例如，用笑表达出自己现在快乐的心情。

别人表达的东西你都理解了吗？例如，看见对方在大笑，你会怎么想：他疯了，或者，他很高兴？这时就要我们学会"消化"别人讲的故事。当所要沟通的事情包含很多内容时，人们在表达时就需要分部分、分步骤地有逻辑地去表达，而别人在理解时就需要按照自己的理解进一步加工。

先在心中想一件事情，再想一想，你会怎样用自己的表情或行为去表达这件事情呢？例如，思考你会怎么跟自己的好友描述"在寒假中最快乐的事"？（这个话题可能包括了跟什么人、什么时间、什么事情最快乐，你可能会运用到肢体、表情等各种方式来说清楚这件事。）看看你的好友是否能准确地理解。

注意沟通的方式 条条大路通罗马。如果你需要将某件事情传递给别人，让别人理解你的想法，就要思考用哪种方式跟别人沟通。例如你早上临时有事要出校门，按学校规定必须请假。你向班主任老师与第一二节课的任课老师请假。你可能会从电话、短信、请假条、带口信或其他方式中选择一种。可见，沟通的方式就像一个个管道，要传递的信息可以通过不同的管道输出去。

常用的沟通方式包括口头沟通、电话沟通、书面沟通、网络沟通、演讲、谈判等，也可以分为"口语"和"非口语"两大类，视觉、触觉、嗅觉、听觉都可当作信息传递的管道。

减少干扰对沟通的影响 双向沟通可以大大减少沟通中的干扰因素。一方面，听者可以重述所获得的信息或表达他们对信息的理解，来检查所接收到内容的准确程度和偏差所在。为此，信息发送者要善于体察别人，鼓励他人不清楚就问，注意倾听反馈意见。

学会及时反馈 与他人沟通时，要了解自己是否理解对方的意思，或者对方是否理解你说的话，那反馈就相当重要了。比如，张老师在跟小丽沟通组织学生文明风采比赛的事情，但小丽从来没有参与过，而张老师以为小丽是学生会干部肯定了解，所以自顾自说了很多小丽不能充分理解的事情，而小丽觉得自己理解得差不多了，又不敢多问，结果在活动中，由于误解了意思而出现了差错，导致比赛的组织工作出现了疏忽。这就是沟通双方没有及时给对方反馈带来的影响。

收到短信未及时回复，心里觉得反正没什么要紧；

出门没及时向家人报平安，家人担心不已；

收到朋友寄来的礼物未及时道谢，让朋友失望，以为你并不在乎友谊。

这些都是沟通不及时反馈带来的人际交往的困扰。在人际交往中，要注意及时反馈，不要让别人"等"得太久，而让人际关系质量变差。

心动行动

心声传递

学习了上述内容，下面通过一个小游戏来看看你与同学之间能否有效沟通吧！

几个好朋友作为一个小组进行游戏，第一个人把一件包括时间、地点、人物、事件的事情完整地告诉第二个人，确保不要让他人听到，在说完之后询问："你都清楚了吧？"

第二个人再重复上面的事情说给第三个人，也询问对方是否清楚并确保不让他人听到。其他人依次类推。直到最后一个人了解之后，请他转述给第一个人。看这件事情经过几个人的嘴巴和大脑后，原先的故事有了什么变化？

思考一下：如果故事变了样，那问题出在哪个环节上？

2. 掌握说话之道

——认识语言沟通

 生活小故事

　　小明接到好朋友小芳的电话，小芳在电话里不停地哭泣，小明很着急，不停地问她："怎么了？发生什么事了？"但是刚开始的时候，小芳只是一直哭，情绪很低落，什么都不说。小明耐心地听着，几次努力问她，最后小芳终于说出了原因，原来是她养的小狗在一场事故中死了，她很伤心。听到这个消息，小明也觉得很为她难过，但却突然不知道自己该说些什么来安慰小芳，他只能听着并不断地说"我也很难过"。最后，他们约好第二天见面，见完面后小明依然想着这件事，他希望能够给予小芳更多的语言安慰，他也知道自己耐心的倾听并不够，想帮助她更多，却不知道该说些什么。

 心理显微镜

　　语言是人类区别于动物的一个最显著特征。语言的力量是无穷的。就每个人来说，自从出生以来就一直处在一个语言环境中。语言对人际沟通的影响是十分巨大的。有的人语言沟通良好，有的则并不好，因而出现一些相反的结果。例如，一个朋友对我们说的话没有听明白，产生了误解，影响了友谊；演说时，不了解听众需要听什么，令听众厌烦等。

可见语言既是人类的天赋，又是人类的囚牢。人类的语言丰富多样：数字被称为符号语言，图画包含着色彩语言，音乐表达着声音语言，动作展现了肢体语言。而我们要了解的主要是我们最常接触到的口语沟通和书面沟通。人与人在沟通的时候都希望对方能够理解自己所表达的意思，所以语言是人类精神的构成因素之一，人类想做到更好的沟通和相互之间的理解，必须冲破语言障碍。

那么人与人之间沟通的时候为什么还存在着误解甚至隔阂呢？原因在于对不同的人说的不同的话或相同的话，不同的人会有不同的理解，也就是我们经常说的语言障碍。

语言沟通按形式分为口头沟通和书面沟通。口头沟通是指借助语言进行的信息传递与交流。口头沟通的形式很多，如会谈、电话、会议、广播、对话等。书面沟通是指借助文字进行的信息传递与交流。书面沟通的形式也很多，例如，通知、文件、通信、布告、报刊、备忘录、书面总结、汇报等。

心理小锦囊

培根说："交谈时的含蓄与得体，比口若悬河更可贵。"有些话，非直言不讳才行；也有些话还非得含蓄、委婉些。委婉之语或典雅得体，或婉转温和，或含蓄隐晦，或轻松俏皮，是交际中不可缺少的润滑剂。那么到底该如何把握语言沟通的技巧呢？

清楚说话的意图　"谨言慎行"是古人教育我们做人要遵守的原则之一。谨言要求我们在说话前，要先在内心想一下说话的目的。是要表达出自己的意见？还是要说服他人？还是要请求他人？清楚意图后，再想想，我这样说是否会造成误会？是否能不伤害双方而达成目的呢？

想一想以下事件的意图，你想要如何传达自己的意思？

事件一：心情不好，想找人陪。

事件二：想约朋友一起去看电影。

事件三：小伟那天放你鸽子，你感到心情不好，想去骂他。

学会分辨表面意义与弦外之音 我们在理解别人说的一句话时，除了注意字面上的意义外，还要注意有时还会有一些情绪上（评价上）的弦外之音。曾听过这样一个小故事：一天，小陈乘坐公交车，看到前面有个站着的乘客，肩上挎着的包低低地垂在身后。一扒手紧挨着这个乘客，用敞开的外套作掩护，一只手慢慢伸向挎包。把一切看在眼里的小陈急中生智，上前拍了那个乘客一下："你的鞋带松了。"乘客低头看自己的鞋子，小偷忙把手伸回去。而明白过来的乘客则忙把自己的包放到身前。

要清楚、简洁、具体 说话最要紧的是清楚简洁，但是，我们常常忘了这个原则而经常拐弯抹角，也造成不少误会。同样都是小鸣邀请对方去打球，但是却可能被不同的话语传达出来，例如：

1. 小鸣坚持要我们去打球。

2. 小鸣询问我们是否要去打球。

3. 小鸣暗示我们要去打球。

这三种不同的表达方法可能产生不同的结果。自己也可以想一下，我们跟他人沟通时，有多少时候对方是用不具体的语言，以致你无法理解对方的意思呢？

除了清楚、简洁外，还要注意语言表达的具体性。要指明说话的背景，如果我们在表达意思时，只阐述一段事实，但是在阐述时，往往会忘了说明当时的情境，就会让对方产生误解。例如，如果听到同学说："小张好可恶喔！你看小明同学关系多好喔！"对以上表述的理解可能就自然而然地推断小张同学关系不好，但事实上，

小张可能只是做了一件不为说话者所接受的事情。为了避免出现这样的问题，我们应该注意说明具体时间。几乎每件事情都会随着时间改变，所以在沟通时别忘了跟对方说明你所讲的事情发生的时间。例如：小刚在小时候，很多阿姨都喜欢他。（现在则不一定。）

恰到好处地运用委婉语言 委婉的表达技巧既可以回避一些敏感问题，又能够表明自己的立场。使用委婉的语言回答别人的提问，看似对请求者有了交待，但实质上信息为零，效果也为零。

语言委婉，是指在人际交往中，对于不便、不能或不想直说的话，巧妙地运用具有多义性隐含性的语言，加以婉转表达的说话方式。在处理和回答棘手问题时，恰到好处地运用委婉语言，往往能达到理想的表达效果。

有一次，马克·吐温到某地的一个旅店投宿，别人事先告知他此地的蚊子特别厉害。他在服务台登记房间时，一只蚊子正好飞来。马克·吐温对服务员说："早听说贵地蚊子十分聪明，果不其然，它竟会预先来看我登记的房间号码，以便晚上对号光临，饱餐一顿。"服务员听后不禁大笑。那一夜，马克·吐温睡得很好。因为服务员也记住了房间号码，提前进房做了灭蚊防蚊的工作。

直接夸耀，难免会有吹嘘之嫌。这时候，你可以采用委婉的说辞，巧妙地说明自己的意思。例如，有一句流行的广告词"嘉士伯可能是世界上最好的啤酒"。有人认为这句广告词说得比较实在，没有夸大其辞。其实，这句话表达的含义是：嘉士伯是世界上最好的啤酒！但是，前一句广告词比直接夸赞更吸引人。相信运用这样的语言进行交流，别人也会觉得你更加诚恳哦。

心动行动

小游戏——"我说你画"（考考你的语言沟通能力

游戏步骤：

1. 7~10 名同学为一组，每人准备一张 16 开白纸和一支笔。

2. 找一位自愿者上台，手里拿着右边的图片，看一两分钟后，背对其他同学把图中的内容"传达"给他们，并下达画图指令。

3. "倾听"的同学根据"传达者"的指令在纸上画出图形，但不准提问。

4. 画完之后，"倾听者"和"传达者"都谈谈自己的感受。

☺ 妙语连珠

语言是心灵秘密的忠实反映。

——约翰·瑞

3. 无声可以胜有声

——认识非语言沟通

生活小故事

毛主席的挥手之间

在方纪的散文《挥手之间》中，描述了1946年，毛泽东去重庆谈判前与延安军民告别时的动作。"机场上人群静静地站立着，千百双眼睛随着主席高大的身影移动。""人们不知道怎样表达自己的心情，只是拼命挥着手。""这时，主席也举起手来，举起他那顶深灰色盔式帽，举得很慢，很慢，像是在举一件十分沉重的东西，一点一点地，一点一点地，等举过头顶，忽然用力一挥，便在空中一动不动了。"

"举得很慢很慢"，体现了毛泽东在革命重要关头对重大决策严肃认真的思考过程，同时，也反映了毛泽东和人民群众的密切关系和依依惜别之情。"忽然用力一挥"表现了毛泽东的英明果断和一往无前的英雄气概。毛泽东在这个欢送过程中一句话也没有讲，但他的手势动作却胜过千言万语。

心理显微镜

语言沟通对于人们是不可缺少的，但在没有语言或无法用语言沟通的时候，要想了解说话人更深层的心理，即无意识领域，单凭语言绝对是不够的也是不可靠的。俗话说"打鼓听声，说话听音"便是这个道理。通过非语言符号所传递的信息往往比语言更能够准确地传达"真正的意向"。非语言沟通是人们运用表情、手势、眼神、触摸等方式，以他人的空间距离为载体进行的信息传递，是人际沟通的重要方式之一，也是无声语言沟通的一种形式。非语言沟通作为沟通活动的一部分，在完成信息准确传递的过程中起着重要的作用。非语言沟通在交际活动中的作用是丰富多彩的，它能使有声语言表达得更生动、更形象，更能真实地体现心理活动状态。美国口语学者雷蒙德·罗斯认为，在人际沟通中，人们所得到的信息总量，只有35％是语言符号传播的，而其余的65％的信息是非语言符号传达的。其中仅面部表情可传递65％中的55％的信息。

非语言沟通对语言沟通可以起到补充和替代作用。我们现在所使用的很多非语言沟通都是经过很长时间大家都心领神会约定俗成的内容，所以这些非语言沟通具有一定的替代有声语言的功能。许多用有声语言所不能传递的信息，通过非语言沟通却可以有效地传递。在日常生活中，我们也都在自觉或不自觉地使用各种非语言沟通来代替有声语言，有时候能达到"只可意会，不可言传"的效果。

强调作用　非语言沟通在许多场合，还能强化语言沟通的传递效果。例如，当领导在会上提出一个远大的计划或目标时，他必须用准确的非语言沟通来体现这个目标的重要性。他应该用沉着、冷静的目光扫视全体人员，用郑重有力的语调宣布，同时脸上表现出坚定的神情。在表达"我们一定要实现这个目标"时，要有力地挥动拳头。在表达"我们的明天会更好"时，要提高语调，同时，右手向前有力地伸展等等。这些非语言沟通大大增强了说话的分量，体现出决策者的决心。

否定作用　假设在别人家做客时，主人一边说"再坐坐吧"，

一边不停地看手表，客人便知道该起身告辞了。这说明非语言沟通所传递的信息常常可以印证语言沟通所传递信息的真实与否。现实生活中常出现"言行不一"的现象。正确判断一个人的真实思想和心理活动，要通过观察他的身体语言，而不是有声语言。因为有声语言往往会掩饰真实情况。

 ## 心理小锦囊

交相闪烁的红绿灯、慷慨激昂的演讲、一个轻蔑的眼神、老师上课时学生一个哈欠……这些都是非语言沟通的形式。想要更好地了解非语言沟通，就要学习些小技巧。

想一下，在与人说话时，你曾经用过哪些非语言的讯息来辅助表达？

破解身体密码，读懂肢体语言 在沟通过程中，人们无不处于特定的状态中，这种状态除了可以直接用语言表达外，还可以委婉地以身体表达。肢体语言包括目光、表情、姿态、衣着等形式。

人们可以通过面部表情、手部动作等身体姿态来传达诸如攻击、恐惧、愤怒、愉快、傲慢等情绪或意图。例如，在你很忙碌的时候，有邻居来找你借东西。你给了他东西后，他却仍然待在你家与你聊天，你内心希望邻居赶快走，可是在表面上你只能很礼貌、专注地听着。这个时候该怎么办？

你试试看，一边听着一边手里做点无关紧要的家务，暗示你的邻居该离开了。看看你的邻居是否能意识到。

肢体语言就像信号灯，可以通过面部表情、身体姿势、动作等等表达出很多信息，学会破解这些密码、读懂身体语言，才能更好地沟通。

红灯：传递反对的信号

面部表情	表现出生气与紧张或者忐忑不安的样子，紧锁双眉，不再与你有目光接触，伴随着低沉与消极的语调。
身体角度	突然起身，整个身体背向你或者缩紧双肩，身体向后倾斜，显示出"拒人以千里之外"或者"心不在焉"的态度。一些顾客利用清嗓子，擦手或用力地捏耳朵，环顾左右等方式传达明显的抵制情绪。
动作姿势	双臂交叉并紧紧抱在胸前，握手乏力或做出拒绝的手势，双腿交叉并远离你。

黄灯：传递徘徊的信号

面部表情	迷茫或者困惑，躲避的目光，伴随着疑问或者中性的语调。
身体角度	朝远离你的方向倾斜。
动作姿势	双臂交叉，略显紧张，双手摆动或手上拿着笔等物品不停地摆弄着，握手乏力。

绿灯：传递可行的信号

面部表情	轻松、微笑，直接且柔和的目光接触，积极与富有情感的语调。
身体角度	身体前倾，双手摊开，握手有力。
动作姿势	双臂放松，一般不再交叉，双腿交叉叠起并朝向你。

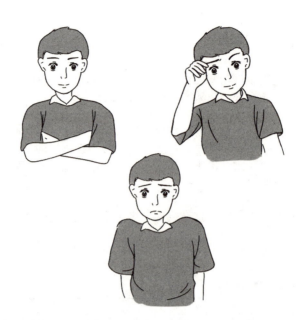

懂得如何注视对方　中国古人对某人喜欢，则用青眼注视对方，即"青睐"，讨厌某人则用白眼。鲁迅说："白眼大概是全然看不见眸子的，恐怕要练习很久才能够的。青眼我会装，白眼我却装不好。"此外，目光注视的角度不一样也有不同的含义：直视表示平等，仰视表示崇敬、期待，俯视表示权威、支配。

此外，还要注意目光注视的时间长短。长久注视是失礼行为，也可认为是挑衅行为。刚看一眼就闪开会被认为是做贼心虚，诚心不足，说谎话怕被人识破。长久不注视，是一种冷落对方、不重视对方、对对方的谈话不感兴趣的表现。控制对方的目光。想要让对方注意力集中在跟你对话，可以利用实物、手势等作为辅助手段，吸引他人注意力，同时还要用自己的目光控制对方不走神。如开会时讲话者用目光来暗示到会者不要开小差，其目的是为了使对方聚精会神地接受信息。

掌握超语言符号——注意语调、音量　在说话时，我们除了内容的讯息会传给他人，连语气、声调、音量等讯息也会传递给他人。

音调（声音的高低）、音量（声音的大小）、说话的速度、语气等等可以使字面相同的一句话具有完全不同的含义。试试看：把"我爱你"很大声地说、轻声细语地说、扬起语气地说、低声下气地说、很快地说；想想看，不同的说法会有哪些不同的感觉？再例如：一句简单的口头语："真棒"。当音调较低、语气肯定时，表示的是由衷的赞赏；而当音调升高，语气抑扬时，则完全变成了刻薄的讽刺和幸灾乐祸。

一般来说，人在高兴、激动时，语调往往清朗、欢快，如滔滔海浪；在悲伤、抑郁时则暗淡、低沉，如幽咽泉流；在平静时舒缓、柔和，如清清小溪；在愤怒时则迅速、有力，如出膛的炮弹。恰当的语调、音调和语速可以完整正确地传递人与人之间的信息和情感，有助于加深沟通的深度。

非语言沟通是一种技巧，也是一种艺术，除了在这里的几个练习之外，还要记得把它应用在日常生活喔！

心动行动

我做你猜　快乐传真

请几个好朋友，其中一位做主持人，所有人都背对主持人，主持人把一件事情或者一句话告诉第一个人，请他表演出来（利用表情、动作、手势等，不能说话），让第二个人猜，以此类推，看最后一人跟第一个人听到的是否有天壤之别。

妙语连珠

眼睛说话的雄辩和真实，胜过于言语。

——塔克曼

4.做一名"情绪侦探"
——人际交往中的情绪沟通

生活小故事

小明和小勇是同班同学，小勇性格开朗，对待事物积极乐观，跟同学相处一直神采奕奕，眼睛炯炯有神；而小明性格则比较悲观，情绪经常感到低落，跟同学相处时，常不自觉地表现出漠然和烦躁。小勇的人际关系很好，大家都愿意跟他相处，反观小明则总处于被孤立的位置。

心理显微镜

出现以上差别的原因是什么呢？其实是两位同学不同的情绪状态在作怪。情绪可以影响一个人的人际关系。或许有人觉得个人的情绪跟自己的人际关系没有必然的联系，其实不然。首先让我们先了解一下什么叫做情绪，所谓情绪，是指个人对外界刺激的主观的有意识的感受。举一个非常简单的例子，小明这次考试得了满分，并且得到了老师的表扬和同学的夸奖，他非常高兴；而小勇这次考试不及格，得到了老师和父母的批评，他情绪很低落。小明的高兴和小勇的低落都属于情绪，情绪没有好坏之分，它只分积极情绪和消极情绪。人们日常生活中，情绪会如同四季一般自然发生，一旦情绪产生波动时，个人会表现愉快、气愤、悲伤、焦虑或失望等各种不同的内在感受。

　　心理学家研究表明，在两人相处过程中，别人的直观印象与对方的情绪状态是密不可分的。斯梅尔曾做了一个有趣的实验，他将一个乐观开朗的人和一个整天愁眉苦脸、抑郁难解的人放在一起，不到半个小时，这个乐观的人也变得郁郁寡欢起来。可见情绪是可以传染的，它会通过你的姿态、表情、语言传达给对方，在不知不觉中感染对方。因此，我们应该重视与人交往时所表露出来的情绪。这也就是为什么小勇具有较好的人际关系，而小明则没有。因为小明总是将自己不好的情绪传递给对方，所以别人都不愿意跟他在一块。

心理小锦囊

　　很多人虽然知道人际交往方面的一些技巧，但还是不能拥有一个非常良好的人际关系，原因很简单，他们虽然注意到了很多技巧性的东西，却往往忽略了自己的情绪。个人的某些紧张、烦躁或者失落的情绪会直接反映到一些细节上，例如，双眼暗淡无神、不时地看手表、表情僵硬冷漠等，而这些小细节都会带给对方无聊、紧张、冷漠的心理暗示，在这种暗示的影响下，他们原本的情绪就会不自觉地被牵引，变得十分糟糕，进而对交往产生障碍。当然，事物都有两面性，糟糕的情绪表现会破坏你和别人的交往，而乐观积极的情绪又会感染对方，使你变成一个受欢迎的人。

　　既然情绪如此的重要，那么我们应该把握住自己的情绪，让自己一直处于积极的情绪中，从而营造出融洽的气氛，让它帮助我们建立良好的人际关系。但是生活中难免会碰到心情糟糕的时候，这个时候就需要我们积极地调节自己的情绪。下面我们介绍几个小技巧，来帮助大家调节自己的情绪。

尝试找出使自己情绪不好的原因，并努力排除它　可以问一下自己，是什么导致自己不高兴了？找到原因后，就应该用实际行动排除掉那些烦扰的事情，有时它的确比较难以排除。这时就要去想这件事真的有那么重要？即使真的很重要，也应该保持健康的心态积极面对，那样才能取得较好的结果，可以进行一些自我暗示，比如常对自己说"我是某某，某某是最坚强的！"利用这种积极的心理暗示使自己的情绪时刻处于积极向上的状态中。

运用行动转移法来调节情绪　心情开始不好的时候，去做点别的事情，如健身运动，使自己没有时间去思考不愉快的事情。还可以把自己不愉快的事情说给自己的好友或者家人听，这样既宣泄了自己的情绪，也能得到他们的安慰和开导，说不定还能找到解决问题的办法。其实最重要的还是要用乐观积极的心态对待人生。许多看似烦恼的事物，如果用积极的态度看待，往往可以使人们的不愉快情绪荡然无存，立即变得轻松起来。

以上这些方法都可以帮助我们调节情绪，在人际交往过程中，一旦拥有了真正的好情绪，就等于是成功的开始。下一步我们要做的就是要把这种积极乐观的情绪传达给对方。那么，如何才能将自己的情绪有效地传达给对方呢？

传递良好情绪的有效方法即是微笑　有人说，微笑是最有感染力的交际语言，是放之四海皆准的"人际交往的高招"。微笑能很快缩短你与他人的距离，表达出你的善意、愉悦，给人春风般的温暖。微笑的力量是无穷的，但是要笑得自然、笑得美好得体，切记不可为笑而笑，没笑装笑，要笑得真诚。人对笑容的辨别力非常强，一个笑容是否真诚，人的直觉都能敏锐判断出来。所以，当你微笑时，一定要真诚，不可作假。真诚的微笑会让对方内心产生温暖，引起对方的共鸣，使之陶醉在欢乐之中，从而更愿意跟你交往，就加深了双方的友情。

注意自己的表情和眼神　虽然你拥有很乐观的情绪，但是却表现得不得体，如表情冷漠，眼神迷离、不专注。这样也会让对方觉得你很无聊和冷漠，从而对人际交往造成障碍。故跟对方交流时，要将自己积极的心态表露在脸上，并且眼神要专注，争取把自己乐观的情绪传递给对方。

当我们拥有了良好情绪，并且把它得体地表现出来，并传递给对方，这样在人际交往中，就可以无往而不利。

以上讲述的是我们如何表达自己的情绪，那么如何感受他人的情绪呢？

注意观察细微之处的表情、动作等　说话需要察言观色，都要讲究技巧和方式。现在对微表情的研究发现，微笑的时候眨眼睛，说明是想到了令人幸福的事。而撒谎的人在说话时会有撇嘴角，人在犯错时会有撇嘴角的表情，在撒谎时撇嘴角表示对自己所说的话没有信心。撒谎者不像我们直觉上认为的那样会回避对方的眼神，他们反而会与听话的人有更多的眼神交流。如果对方在讲述过去发生的事情时眼球向左下方看，这代表大脑在回忆，所说的是真话；而如果对方眼睛一动不动地开始流利地叙述，则很有可能在撒谎，因为谎言不需要回忆的过程；明知故问的时候眉毛会微微上扬；假笑时眼角是没有皱纹的；一边嘴角上扬表示轻蔑；下巴用力表示人在生气；惊奇、害怕的表情在脸上超过一秒钟，表示是假装的；对方对你的质问表示不屑，通常你的质问会是真的。

另外，没有表情与出现表情同样重要，在说到一些比较让人不安的事情时，如果对方面不改色，表现得过分平静，他很有可能正是撒谎的高手。当一个人面部两侧表情不对称时，他很有可能在伪装感情。

观察别人要敏锐，但不要太过直白　如果我们能够根据别人的面部表情所反映出的内在心理来说让人愉悦的话，当然会对我们的人际关系有很大的帮助。但是，在观察别人的面部表情时，我们要切记，自己观察别人的目的是为了说更加得当的话，做更加适宜的

事，切勿只为观察而观察，尤其不要直勾勾地盯着对方看，那样反而会弄巧成拙。当你反复说一件事情的时候，别人出现呆滞的表情时，你说："还想听吗？"别人答："您接着讲。"此时，你就该知道对方只是出于礼貌，你要做的是马上停止该话题。懂得分析面部表情会帮助你在人际交往中做到礼貌得体，受人欢迎。

总之，在社会交往当中，贴合对方心理的话最能吸引别人的注意，让别人对你产生好印象。如果你之前对别人的了解不是很充分的话，那么就要让自己变得更机灵，在彼此的沟通过程中做到细心地察言观色，认真揣摩对方的心思，然后根据对方的心思去说符合对方心理需求的话。这样的人，一定会受到别人的欢迎。

 心动行动

学了这部分的知识，同学们可以利用课下时间自己亲身实践一下，在和 A 同学交谈时，故意表现出消极的情绪，想一想自己最近心烦的事；然后再和 B 同学交谈，这个时候要表现出积极的情绪，想一想最近值得自己开心的事情，且面带微笑，眼神专注。然后问一下 A 和 B 两位同学的感受如何？

妙语连珠

成功的秘诀就在于懂得怎样控制痛苦与快乐这股力量，而不为这股力量所反制。如果你能做到这点，就能掌握住自己的人生，反之，你的人生就无法掌握。

——安东尼·罗宾斯

人际交往的秘密

第三篇　美丽邂逅　人生只如初见
——人际关系形成篇

有些心理学家曾做过这样一个有趣的实验：把十张小女孩的照片给受试者看，其中容貌漂亮又穿着讲究的有八名，另外两名不仅容貌略逊色些，衣着也不够时尚，甚至有点寒酸。心理学家告诉受试者：这十个人中，有一个是小偷，请他们判断，谁最有可能是"少年犯"。有趣

的是有80%的受试者在长相差、衣服破烂的两个少女的相片中画了对号。你好奇为什么他们会对只看了三分钟的女孩作出这样的判断吗？

狄更斯曾经说过："一片云彩之所以美丽，是因为她与我们之间的距离；但若你走近云彩，只会让一团水汽冲淡生活的美好。"或许你也曾听过"人生若只如初见"的感叹，也会好奇在最初建立人际关系时，到底是什么神奇的因素在不为人知地影响着彼此，而让人难以忘怀"初见"时的美好？或许你初识某人时，你也曾有过"原来你也在这里"的感慨。下面我们来学习探索一下，形成人际关系都有哪些需要注意的技巧。

1. 打开自己的窗子

——认识自己

 生活小故事

讨厌马甲的乌龟

有一只乌龟在沙滩上晒太阳时，几只螃蟹爬过来，他们看到乌龟背上的甲壳嘲笑道："瞧瞧，那是一只什么怪物啊，身上背着厚厚的壳不说，壳上还有乱七八糟的花纹，真是难看死了。"

乌龟听后，觉得很羞愧，因为他自己也早已痛恨这身盔甲，但没办法改变，因为这是娘胎里带来的。它只能把头缩进壳里，来个眼不见、耳不听，落得个清静。

谁知螃蟹们见乌龟不反抗，便得寸进尺，"哟，还有羞耻心呢，以为把头缩进去，你就能改变你一出生就穿破马甲的命运吗？"乌龟没有应答，螃蟹自讨没趣地走了。

乌龟等螃蟹们走后，伸出头，迈动四肢，找到一块大石头，把它的背靠在石头上不停地磨，想磨掉那件给他带来耻辱的破马甲。终于，乌龟把背磨平了，马甲不见了，但弄得全身鲜血淋漓，疼痛不堪。

这天，东海龙王召集文武百官觐见，宣布封乌龟家族世代为贵族，并令他们全体上朝叩谢圣恩。在乌龟家族里，龙王一眼就发现了那个没有盔甲的乌龟，大怒道："你是何方妖怪，胆敢冒充乌龟家族来受封！"

"大王，我是乌龟呀！"

"放肆！你还想骗我！龟壳是你们乌龟家族的标志，如今你连标志都没有，已经失去了本色，还有什么资格说自己是乌龟。"龙王大手一挥就将这只已不再是乌龟的乌龟赶出了龙宫。

人生活在这个世界上，首先要认清自己、自尊自重，坚持自己的本色，失去了本色，也就失去了生存和发展的根基。

 ## 心理显微镜

人最熟悉的是自己，最陌生的也莫过于自己；最亲近的是自己，最疏远的也莫过于自己。根据调查，90%的人其实都不了解自己。我们可能因为外在的诱惑太大，忽视了内心的感受，慢慢地不知道自己是谁；我们可能因为不愿意正视自己那些"不够好"的部分，久而久之不知道自己是谁；我们可能因为不善于洞察自己，不知道自己的深层意愿，因而不知道自己是谁。

认识自己，在心理学上叫做自我知觉，是指人们对自己的需要、动机、态度、情感等心理状态以及人格特点的感知和判断。它可以是有关自我的一套观念，也可以只是有关自身认识的一些直觉，但不论是观念还是直觉，都会对我们的行为产生影响。准确的自我知觉，有助于个体的社会调适和心理、行为素质的良好发展。

没有哪件事能绕过认识自我。身高1.8米的人不会给自己买小号衣服。但在我们身边，由于不了解自己的体形、肤色、气质，盲目追流行乱穿衣的人少吗？听到别人说你胖就拼命减肥，不惜冒着得厌食症的风险，这样的例子还少吗？

我们每个人的认知能力是有限的，特别容易受到外界客观因素

的干扰与蒙蔽，从而导致对自我认识的偏差和误解。如果我们不正确地认识自己，分析自己，评价自己，很容易陷入别人的评价当中，为别人而生活，那样会活得很累。

与人相处也离不开自我知觉。亲友、同学、同事、师生、上下级，每个人在不同的人面前有不同的身份。要求陌生人像朋友一样理解自己，要求老师为自己开小灶走后门，绝大多数情况下都会碰钉子。不懂得按照基本的社会角色规范行事，就可能给自己制造麻烦。

你信不信，如果一个人缺乏自我知觉，连盘子都端不好！

假设有一个聪明人，因为各种原因，眼下不得不靠端盘子为生。如果他只看到自己聪明的一面，天天抱怨社会不公，感叹自己大材小用，他怎么可能端好盘子？而这种只会怨天尤人，不能脚踏实地工作的现状，又怎么可能走出困境？

相反，那些知道自己是谁，从哪里来，将往何处去的人，不论因何种原因，沦落到何种地步，最终都会以脚踏实地的顽强努力，为自己赢取光明的未来。

 ## 心理小锦囊

自我有三个层次：现实自我、镜中自我和理想自我。现实自我就是个体从自己的立场出发对自己当前总体实际情况的基本看法；镜中自我也叫做他人自我，是个体想象自己在他人心目中的形象和他人对自己的基本看法；理想自我是指个体想要达到的比较完美的形象。

一个心理健康的人，三个"我"是协调和谐的。当一个人自己和他人眼中的"我"没有太大的差距，个人理想也没有脱离现实，就是一个自我形象明确而且健康的人。但当三个"我"不协调时，我们就该问自己："别人为何不了解我？我是否不能表里一致？"

金无足赤，人无完人——丢掉自卑，树立自信　自卑感是对自己不满、否定的情感，往往是自尊心屡屡受挫的结果。这类人自我认识不客观，往往只看到自我缺点而忽略了自我的长处，不喜欢自己、不能容忍自己的缺点和弱点，否定、抱怨、指责自己，看不到自己的价值，或夸大自己的不足，感到自己什么都不如他人，处处低人一等，丧失信心。

自卑的人总是习惯于拿自己的短处和别人的长处相比，结果越比越觉得不如别人，形成自卑心理。内心的自卑，对一个人的成长与发展是不利的。因而，如果你发现自己有自卑心理，就要用理性的态度坚决把它铲除掉。事实上，自卑只是一种徒然的自我折磨，因为它不会给人以激励，不会给人以力量，反而会摧残人的身心，盗走人的骨气。容忍它的存在实在是有百害而无一利。要丢掉我们的自卑，可以试一试以下的办法：

①改变自己的形象。尝试改变自己的形象，穿整洁大方的服装，讲话爽快，走路昂首阔步。

②说一些让人增强自信心的话。比如："你真聪明""你一定行"之类的积极语言鼓舞你的斗志。

③洗刷心中的阴影。把失败当做学习的机遇，认真分析失败的原因，从失败中学习和吸取教训，总结经验；彻底遗忘，有意将那些不愉快的、痛苦的事情彻底地忘记，或是用成功的经历去抵消失败的阴影。

④善于发现长处，懂得扬长避短。

⑤要有强烈的欲望。欲望是行动的原动力，有欲望才会有动机，欲望越强烈成功才越可能。欲望在一定程度上支撑着我们的毅力。

⑥要正确认识自己。人是不断变化发展的，我们需要不断更新、不断完善对自己的认识，才能使自己变得更好、更完美。

谦虚使人进步　骄傲使人落后——拒绝自负自大，要有自知之明

有些人习惯放大自己的长处，缩小他人的长处，跟别人交往的时候往往不自觉地就会觉得"我的东西好，你的不好""这事我行，你肯定不行"。自大的人还容易产生盲目乐观情绪，自以为是，不易处理好人际关系；易骄傲，常对自己提出过高要求，承担无法完成

的任务、义务而导致失败。

　　青少年时期还处在对自我认知不够清晰的阶段，世界观、价值观等都正在形成和发展中，这一过程中如果一直处在自负自大的心理状态，容易错失大好时光，浪费青春。所以，有自知之明就要学会看到自己的不足，承认自己需要不断完善，并能够看到他人的长处，欣赏他人的独特性，试着多与他人交往，以开放的心态尊重和认真对待来自他人的反馈意见。

　　此外，有些青少年除了自负以外，还存在自私和自我为中心的问题。这种现象表现为凡事从自我出发，只关心自己，遇事当前先替自己打算，不顾忌他人的感受和需要。盛气凌人，好把自己意志强加于人。他们不易赢得他人好感和信任，人际关系不和谐，易遭挫折。

　　想一想，你是否愿意和一个自私的人成为好朋友呢？

　　要改变这种现状就要摆正自己的位置，既重视自己也不贬抑他人，自觉地把自己和他人、集体结合起来，走出自我的小天地。实事求是、恰如其分地评估自己，多设身处地地从他人的角度思考问题，尊重他人感受、关心他人。

　　悦纳自己，接受自己的不完美　有些人对自己一直持过高的要求，期望自己完美无缺，却不顾自己的实际状况。这种高要求也许来自于父母的期望，也许来自于老师和同伴的压力。他们对自己"不完美"的地方过分看重，总对自己不满意，时间久了严重地影响到自己的情绪和自信，继而发展成为自卑。

　　首先要树立正确的认知观念。人不能十全十美，一个人应该接纳自己并肯定自己的价值，不自以为是也不妄自菲薄。其次要有正面的榜样，按照自己的实际情况来评价自己。再次学会制定合理的目标，把目标锁定在能力所及的范围之内。还要学着承认自己的局限性，接纳自己的不完美，欣赏自己的独特性。

　　养成接纳自我的好习惯：

　　①不要给自己贴上消极的标签，如我笨、我无能。

②不要将自己的短处与他人的长处作比较。记住你是独特的，欣赏这种独特之处，并且学会欣赏这种差别。

③人人都有他人所不知的问题和弱点，即使最自信的人，也有感到不安全的方面。

④与处世积极、喜欢与你同行并享受人生的朋友交往。

⑤笑口常开，培养幽默的性格。

 心动行动

游戏一　画出理想的你

游戏做法：如果你是一种植物，你希望是什么？并将这种植物画下来，解释你选择这种植物的理由。

提示：在这个游戏中，你选择了某种代表自己的植物，是因为这种植物有和你相同或者你所希望具备的特质，可以投射出对自己的期望。但是，就像世界上没有两片相同的叶子一样，选择相同植物的人，选择的理由却不尽相同。你可以通过这个游戏看到真实的你、理想的你、独一无二的你。

游戏二　写出心目中的20个自己

游戏方法：请用20个诸如高大、漂亮、聪明、可爱、懒惰等形容词来描绘自我，并一一解释，为什么要用这个词来描绘自己。

提示：认识自己实在是个困难的过程，需要我们经常问自己一句"我是谁？"同时，每个人都是一个矛盾的组合体，也许在事业上表现得很独立，但在生活中却需要别人的呵护。最关键的是，我们能够认识到自己的长处，并接纳长处、发挥长处，同时也能认识到自己的短处，并不断修正或善加利用。

2. 缘，妙不可言
——认识人际吸引

 生活小故事

试想一种情形：你生活中有两个人，其中一个着衣得体，性格温和，讲话幽默风趣，很喜欢和你相处，并且相处也很愉快；另一个人恰相反，穿着比较邋遢，小肚鸡肠，说话刻薄，和你交往时明显表现得很敷衍。如果此时你可以自由选择相处对象而且只能选择一个，你会选择哪一个呢？

 心理显微镜

相信大多数人都选择与第一个人相处，而不愿意长时间跟第二个人相处。这是为什么呢？因为跟第一个人相处时会让人觉得很舒服、很愉快，而跟第二个人相处时会让人觉得特别难受，总结一句话，也就是第一种人会招人喜欢，而第二类人会惹人烦。

招人喜欢就是一种人际吸引，所谓人际吸引是指个人与他人之间情感上相互亲密的状态，是人际关系中的一种肯定形式。爱情其实也属于一种人际吸引，只不过是亲密程度最高的人际吸引。人际交往中，人们不仅相互认识，同时也形成一定的情感联系，这种情感联系就表现在人际吸引上。试想，生活中你愿意与之交往的人，是不是你可以接受的不会招你厌烦的人？我想答案是肯定的。

既然人际吸引在人际关系中如此重要，先深入了解下人与人交往时，是如何产生人际吸引的？我们将产生人际吸引的因素分为以下几种：

相互熟悉　熟悉可以增加吸引的程度。人际关系也不例外，当你跟他人相处久了，就会增加相互吸引的程度。这也是为什么同学们的人际关系网络绝大部分都是自己的同学，从小学同学到大学同学。因为同学必须天天处于一个教室中，见面机会非常多，你会非常熟悉他的一些秉性习惯，也总会在某一方面产生吸引力，彼此的心理空间就更容易接近。

较高的相似性　有人说过一句话，要想了解一个人的品性如何，最好的方法就是观察他跟什么样的人相处。俗语说得好："鱼找鱼，虾找虾，乌龟爱王八。"相处得较好的几个人，其秉性必定相似。也可以换句话说，即人们往往会喜欢那些和自己相似的人。所谓相似性主要包括价值观及秉性相似、兴趣爱好相似、背景地位相似和年龄经验相似等方面。

较好的互补性　除了相似以外，其实性格的互补也非常容易产生人际吸引。可以参照下自己的朋友圈，然后细细品味下每个人吸引你的原因，也就是他们身上的闪光点。你一定会发现，原来其中一些朋友所具备的闪光点，正是你极力想拥有的。如果对方身上具有你想拥有的闪光点，而你恰巧也具有对方想拥有的闪光点时，相信彼此的吸引程度一定会有所加深。其实互补性可以视为一种特殊的相似性，因为你们彼此有相似的价值观，所以你才想去拥有对方身上的闪光点。互补性可以分为：角色互补、性格互补以及需求互补。前面所讲述的情况，可以理解为性格互补。

容貌外形　人们常讲不"以貌取人"，于是很多人便步入一个误区，认为外貌的好坏决定不了自己的成败，这是片面的。举一个很简单的例子，《水浒传》的故事相信大家都知道，当卢俊义活捉史文恭抢到头功，依晁盖遗言宋江推卢俊义坐头把交椅时说："非宋某多谦，有三件不如员外处。第一件，宋江身材黑矮，员外堂堂一表，凛凛一躯，众人无能得及；第二件，……"我们抛开宋江所说这些话的真实目的不谈，单看他提出几条理由，第一条即为容貌不如人，古人对于堂堂容貌是推崇备至的。但是容貌并不仅仅是指面容，而是整体外貌，脸蛋长得漂亮并不等于外貌出众，容貌包括仪态、面容、说话等各方面，总之就是给对方的关于外表的直观感受。

可见，容貌对于个人是非常重要的，对于人际关系也是如此，尤其是在交往的初期，人们往往会"以貌取人"，好的外貌非常容易给人留下良好的第一印象。同时人们会倾向于认为外貌好的人也一定会具有其他的优秀品质，虽然实际上未必如此。可见容貌好似专属个人的名片，好的容貌能够增加个人的初始吸引力，对于个人的人际关系有非常积极的作用。

人格品质 人格品质是影响吸引力的最稳定因素，也是个体吸引力最重要的因素之一。人与人交往到深层次时，相互吸引的最重要力量还是人格品质，优良的人格品质有很多种，包括忠心、真诚、可信等，哪一种品质在人际关系中最重要呢？我们引用美国学者安德森的研究成果，按照人格品质在人际关系中的重要程度排序依次为：真诚、诚实、理解、忠诚、真实、可信；相反不利于人际关系发展的行为有：说谎、假装、不老实等。

心理小锦囊

既然人际吸引对于人际关系如此重要，同时也了解了引起人际吸引的主要因素。接下来，我们应该调整自己，发现自己在人际吸引方面的不足，并努力改正，让自己成为一个具有较大吸引力的人，以获得良好的人际关系。下面我们介绍几种提高自己人际吸引力的方法：

注重仪表　首先要特别注重自己的仪表，所谓仪表包括形体、容貌和衣着服饰等。什么样的形体会吸引人呢？无疑是健康、富有活力的，我们要勤于锻炼，使自己时刻充满活力。举一个很生动的例子，迎面走来一个身体瘦小、霜染白发的老人，但走路姿态很硬朗，我们会不自觉地被他吸引，可见吸引人的是富有生命力的健康。什么样的衣着服饰才能培养我们良好的交际形象呢？并不是越花哨越漂亮，就会越招人喜欢。打扮得很花哨，只会招人眼球而已，并不代表大家会喜欢会被你吸引。还是以大方得体、整洁卫生为标准。衣服要得体，不能松松垮垮，那会给人特别不舒服的感觉，另外还要注意场合，正式的场合就不能穿随便的衣服。

注重姿态表情　思想家培根曾经说过："形体之美要胜于颜色之美，而优雅行为之美又胜于形体之美。"优雅的姿态和微笑的表情会增加一个人的吸引力，试想一下，当你去一家餐厅吃饭，刚进门时，碰到服务生，如果他面带微笑躬身示敬，并说"欢迎光临"，会不会使我们身心愉悦呢，我想应该是肯定的。放松自然、优雅得体的姿态以及微笑的表情，肯定会帮助我们建立良好的人际吸引力。

注重语言　语言是人类思维交流的主要工具。人际交往中，语言是桥梁，出众的口才能起到事半功倍的效果。那么在人际交往中，应该注意哪些方面呢？首先要以礼待人，见面都要问好，但是要真诚，而不是敷衍，只有以礼待人才会显示出你对别人的尊重，而尊重是人际交往的首要原则。另外跟人交流时，不能满口胡扯，不切正题，应该要有深刻的思想、真挚的情感和鲜明的个性，这样才能吸引别人，也会给人留下良好印象。除此之外，讲话要控制声调，不能细如蚊，但也不能大如雷，要恰如其分，富有感情，这样才会让你难忘。

注重内在修养　其实以上几个方面只是表象，思想决定行动，人的外在表现是受内在心理影响的，有积极的心态，就会有乐观的表现，有消极的心态，就会有悲观的表现。我们应该努力培养自己

的修养，包括道德修养和文化修养。要把自己培养成为一个善良、仁慈、谦虚、礼貌及宽容的人，不自觉就会表现出礼貌真诚。另外还要积极培养自己的文化修养，努力学习科学文化知识，做一个博学的人，而不是愚昧无知，并提高自己的审美观，做一个高尚有修养的人，而不是低俗的人。

相信如果能做到以上几点，我们肯定能成为一个在人际交往中颇有吸引力的人，也一定会受到周围人的追捧和欢迎，更会轻松取得良好的人际关系。

心动行动

改进始于不足，学习了这部分知识，同学们可以尝试互相采访下周围同学，让别人写出你吸引力在哪里？外貌、姿态、性格、处事风格还是某种品格，同时提出一两点不足，然后再自己总结一下。

3. 交往中不得不说的秘密

——认识交往中的心理效应

 生活小故事

一位心理学家曾做过这样一个实验：他让两个学生都做对 30 道题中的一半，但是让学生 A 做对的题目尽量出现在前 15 题，而让学生 B 做对的题目尽量出现在后 15 道题，然后让一些被试对两个学生进行评价：两相比较，谁更聪明一些？结果发现，多数被试都认为学生 A 更聪明。这就是第一印象效应。

我们的人际交往中，有许多有趣的"心理效应"在作怪，多了解些心理效应的知识，可以帮助我们减少这些效应带来的负面影响。

 心理显微镜

首因效应 首因效应在人际交往中对人的影响较大，是交际心理中较重要的名词。人与人第一次交往中给人留下的印象，在对方的头脑中形成并占据着主导地位，这种效应即为首因效应。我们常说的"给人留下一个好印象"，一般就是指的第一印象，这里就存在着首因效应的作用。因此，在交友、招聘、求职等社交活动中，我们可以利用这种效应，展示给人一种极好的形象，为以后的交流打下良好的基础。当然，这在社交活动中只是一种暂时的行为，更深层次的交往还需要你的硬件完备。这就需要你加强在谈吐、举止、修养、礼节等各方面的素质，不然则会导致另外一种效应的负面影响，那就是近因效应。

例如：小杨是工科名校毕业生，专业对路、成绩优良，在厚厚的应聘材料中脱颖而出，入列预选名单。但她面试时，穿着过于新潮，鲜艳的短上衣、破旧的低腰裤，很夸张地戴着热带风情的大耳环，一进门就让由高级工程师组成的考官们一愣，考官们没问几个问题，就结束了面试，结果当然是她被淘汰出局。

近因效应 近因效应与首因效应相反，是指交往中最后一次见面给人留下的印象，这个印象在对方的脑海中也会存留很长时间。多年不见的朋友，在自己的脑海中的印象最深的，其实就是临别时的情景；一个朋友总是让你生气，可是谈起生气的原因，大概只能说上两三条，这也是一种近因效应的表现。利用近因效应，在与朋友分别时给予他良好的祝福，你的形象会在他的心中美化起来。有可能这种美化将会影响你的生活，因为，你有可能成为一种"光环"人物，这就是光环效应。

光环效应 当你对某个人有好感后，就会很难感觉到他的缺点存在，就像有一种光环在围绕着他，你的这种心理就是光环效应。"情人眼里出西施"，情人在相恋的时候，很难找到对方的缺点，认为他的一切都是好的，做的事都是对的，就连别人认为是缺点的地方，在对方看来也是无所谓，这就是种光环效应的表现。光环效应有一定的负面影响，在这种心理作用下，你很难分辨出好与坏、真与伪，容易被人利用。所以，我们在社交过程中，"害人之心不可有，防人之心不可无"，要具备一定的设防意识，即人的设防心理。

设防心理 在两个人独处的时候，我们不时地会有些防范心理；在人多的时候，你会感到没有自己的空间，自己的物品是否安在；你的日记总是锁得很紧，这是怕别人夺走你的秘密。为了这些，

你要设防。这种设防心理在交往过程中会起到一种负面作用，它会阻碍正常的交流。

心理小锦囊

合理利用首因效应，留一个完美的第一印象　首因效应告诉我们，人们根据最初获得的信息所形成的印象不易改变，甚至会左右对后来获得的新信息的解释。实验证明，第一印象是难以改变的。而第一印象主要是依靠性别、年龄、体态、姿势、谈吐、面部表情、衣着打扮等，来判断一个人的内在素养和个性特征。既然首因效应在人际交往中起着重要的作用，我们就可以充分利用它来帮助我们完成漂亮的自我推销。

首先，是面带微笑，这样可能获得热情、善良、友好、诚挚的印象。

其次，应使自己显得整洁，整洁容易留下严谨、自爱、有修养的第一印象，尽管这种印象并不准确，可对我们的推销总是有益处。

第三，使自己显得可爱可敬，这一点必须由我们的言谈、举止、礼仪等来完成。

最后，尽量发挥你的聪明才智，在对方的心中留下深刻的第一印象，这种印象会左右对方未来很长时间对你的判断。

重视近因效应的影响，经营和谐人际关系　一般来说，熟悉的人，如朋友、同学、同事，特别是亲密的人之间容易出现近因效应。例如，一直默契要好的同事或搭档，忽然冒犯了自己，则会内心恼怒，轻则难以高兴，情绪激动，重则反唇相讥，针锋相对，甚至大吵大闹，大打出手。这就是最近的印象严重影响了印象的形成，以至于原来的良好印象所剩无几甚至荡然无存。

遇到此类问题，最好的办法是强迫自己控制情绪，可找一张纸，竖向折叠，左边写出交往以来的好，右边写出交往以来的不好。只要左边比右边少，就没有激动的必要。在具体实际中，往往写着写着，

情绪就差不多控制了。从另一个角度讲，既然近因效应在印象形成中有此特点，就要在家人、朋友、同学间尽量不要把话说死、把事做绝，时不时留下一点好印象，以改变、改善原来的印象，增加人际关系的润滑剂。

擦亮眼睛，看清光环效应 光环效应是一种非常普遍的心理错觉，它不仅仅表现在通常的以貌取人上，我们还常常以服装来判断别人的地位、性格，以初次言谈断定他人的才能与品德等。在对不太熟悉的人进行评价时，光环效应体现得尤其明显。所以，我们在人际交往中，要时刻告诫自己注意光环效应给自己带来的负面影响，同时积极地利用他的正面作用给别人留下好印象。

不要把自己的某些想法附加给对方。冷静、客观地对待第一印象，思想上要做好改造甚至否定第一印象的准备。先入为主的第一印象总是会影响你对于以后信息的判断。第一印象一旦形成，以后的信息常常只扮演补充和解释的角色。

不要按照预想的类型将人分为不同种类。我们常常会对某一类人普遍特征的进行归类，比方说，教师便是"文质彬彬"，商人则是"唯利是图"等。

不要以貌取人。我们要在认识他人的问题上不满足于表象，而是注重了解对方心理、行为等深层结构。

敞开心扉交朋友，卸下防备的包袱 首先，彼此多交流、多沟通信息，克服偏见。在人际交往过程中，人们由于受到主客观条件的限制，往往难以全面地看问题，常常因各种偏见的影响而形成歪曲的认知，形成交往戒备心理。因此，多参加集体活动，彼此多交往，积极沟通思想，增进相互了解，澄清事实，是克服认知偏见，消除交往戒备心理的有效方法。其次，积极、全面、正确地认识人际关系。对人际关系有一种积极、全面、善意的认识是进行良好人际交往的基础和前提。如果把人与人之间的关系视为尔虞我诈或虚伪、冷漠、不可信任等，那么这种偏见、先入为主或刻板效应就会影响正常的人际交往。因此，努力增强集体观念，学会全面、辩证地分析问题，正确看待人际关系。再次，学会适当的自我暴露，消除自我封闭心理。人们常常喜欢与自己比较了解的人交往。扩大彼此心理的公开区域是同别人交往的第一个步骤。因此，学会自我暴露，坦诚地向交往对象透露自己的一些秘密，对于促进良好的人际交往大有好处。然而，也不是暴露得越多越好，如果把自己的一切暴露无遗，反而会让对方小看自己，从而阻碍人际交往。

心动行动

心理测试：你给人的第一印象会是怎样的呢？

如果把自己比做动物，你会是什么动物？（注意：是你最像的动物，而不是你喜欢的动物）请选择一个能具体代表现在的你的动物？

A 狗　　　　　　B 猫　　　　　　C 马　　　　　　D 牛

心理解密：

选 A 狗　不易给人强烈的印象，稍有不慎，就会被混到众人堆里去。

选 B 猫

男孩：给人感觉不太好，你把自己看成女人了吗？

女孩：选择猫则具有积极性，她总是想引起大家的注意，能给人强烈的印象。

选 C 马　说明你理想高远，你会努力给人留下好印象。

选 D 牛　有问题，把自己比做牛，是说明自己很有耐力吗？还是说自己有牛脾气？你常给人很强烈的印象，但大多未必是好印象。

4. 人生初见时

——印象管理与开场白

生活小故事

心理学家做过一个实验：分别让一位戴金丝眼镜、手持文件夹的青年学者，一位打扮入时的漂亮女郎，一位挎着菜篮子、脸色疲惫的中年妇女，一位留着怪异头发、穿着邋遢的男青年在公路边搭车。结果显示，漂亮女郎、青年学者的搭车成功率很高，中年妇女稍微困难一些，那个男青年就很难搭到车。

这个故事说明：不同的仪表代表了不同的人，随之就会有不同的际遇。这不仅仅是以貌取人的问题。大家都了解第一印象的重要性，而研究发现，50%以上的第一印象是由你的外表造成的。你的外表是否清爽整齐，是让身边的人决定你是否可信的重要条件，也是别人决定如何对待你的首要条件。

心理显微镜

前一部分，我们了解到你留给对方的第一印象是否良好将很大程度上影响到你们的社交前途是否顺利。心理学家指出，在与陌生人打交道时，这些印象的形成只不过需要短短的 3 分钟。在这短短的 3 分钟里，最初的 45 秒尤为重要。这 45 秒需要注重很多礼仪，比如怎样微笑、握手、对视、行走、打招呼，甚至之前更长时间的怎么着装打扮等，这都是为了管理好你留给别人的印象。

社交中没有第二次机会让你去改变一个人对你的第一印象。所以，现在开始看看如何来管理自己的形象才让对方有动力继续了解你，在很短的时间里给对方留下美好的"第一印象"。

衣着方面：不同的角色有不同的衣着打扮，在不同的情境下，我们也有不同的衣着，例如：打球时，穿球衣，而不穿礼服。在宴会中，穿短裤则不恰当。想想看，在你的衣柜中，有哪些类型的衣着？在打球时、参加婚礼、上台演讲、约会、爬山这些不同的场合中，你将要做哪些衣着搭配呢？

肢体接触方面：肢体上的接触也是一种自我表现的方式，对于刚认识的异性朋友，若去拥抱他，恰当吗？对方是否会认为你是轻浮的人呢？想想看，你与其他人的肢体接触，是否会因亲密程度不同而有所不同呢？

时间行为方面：时间与生活不可分，而在两人互动中，时间也是一种重要的因素。个人对时间的掌握也会影响到他人对你的印象，想一想，你对那些常迟到的人，感觉如何呢？而那些在你睡觉时，打电话给你的人呢？

此外，准时是一种基本的礼貌，切记！既然与人约在某时见面，就应排除万难，准时到达；若无法准时到达，别忘了通知对方，以免对方苦苦等待。

不论你觉得对方如何吸引你，要直到你跟他说话，你们的关系才可能开始建立，对于一个刚认识的人，就谈到你的心事，是否很奇怪呢？想想看，你如何与陌生人认识呢？想一想，你跟你的好友刚认识的时候，你们所谈的第一件事情是什么？你用了什么开场白呢？

一般的开场白包含的内容有正式或非正式地介绍自己、谈论天气、最近的事情或者另外一个人。

心理小锦囊

给别人留个好印象的十大技巧

（1）主动向对方打招呼

俗话说："一回生，二回熟。"对于陌生人来说，你先开口向对方打招呼，就等于你将其置于一个较高的位置。以谦恭热情的态度去对待对方，一定能叩开交际的大门。如果你能用自信诚实的目光正视对方的眼睛，会给对方留下深刻的印象。

（2）报姓名时略加说明

初次见面的人利用这种方法可以加深他人对你的印象。比如你姓张，便可说："我姓张，张飞的张，不是文章的章。"这样加以说明，对方会认可你的幽默风趣，也会更容易记住你。

（3）注意自己的表情

人的心灵深处的想法都会形之于外，在表情上显露无遗。如果你想留给初次见面的人一个好印象，不妨照照镜子，审慎地检查一下自己的面部表情是否跟平时不一样，如果过于紧张的话，最好先冲着镜中的自己傻笑一番。

（4）找出与对方的"共同点"

任何人都有"求同"心理，往往会不知不觉地因同族或同伴意识而亲密地连接在一起，同乡会、校友会之类的组织便应运而生。如果你能找出与对方拥有的某种"共同点"，即使是初次见面，也会在无形中让对方产生亲切感，一旦心理上的距离缩小了，双方便很容易推心置腹了。

（5）了解对方的兴趣、爱好

初次见面的人，如果能用心了解与利用对方的兴趣、爱好，就能缩短双方的距离，加深对方的好感。例如，和中老年人谈健康长寿，和孩子谈米老鼠、唐老鸭等。即使是对自己不甚了解的人，也可以谈谈新闻、书籍等话题，这都能在短时间内使对方喜欢上你。

（6）引导对方谈得意之事

任何人都有自觉得意的事情，但是，再得意、再值得骄傲和自豪的事情，如果没有他人的询问，自己也不能主动提及。而这时，你若能适时而恰到好处地将它提出来作为话题，对方一定会欣喜万分，并敞开心扉畅所欲言。适当地给人以机会，你们的关系会更加融洽。

（7）适时地指出对方身上的微小变化

每个人都渴求拥有他人的关心，对于关心自己的人也容易产生好感。所以我们要积极地表示出自己对他人的关心。只要一发现对方的服饰或常用物品有所变化，哪怕是极其微小的变化，也应立即告诉对方，绝对没有人会因此而感到不高兴。愈是指出对方细微的、不容易被发现的变化，愈能使对方高兴。让对方感受到你的细心和关怀，你们之间的关系就会变得比以前更为亲密。

（8）挺直的坐姿

弯腰曲背的人，大多是害羞的、自我防卫心强的人，让人觉得难以与之相处；而脊背得笔直的人，会让人觉得富有活力、精气十足。因此，在会谈、面试等社交场合，必须注意挺直你的脊背，让人觉得你"精明强干"。

（9）恰如其分地"附和"对方

"附和"是表示专心倾听对方说话的最简单的信号，体现谈话双方的情感交流。真正用心听他人谈话时，总会发现谈话中有自己不懂的、有趣的或令人拍案叫绝的地方。如果能够将听时的感想积极地表现出来，随声附和，在谈话中加入"真是这样吗？""你说

的是……？""为什么？"之类的话，定能使对方的谈话兴趣倍增，乐于与你交谈。

（10）不要忽略分手的方式

还没忘记"近因效应"吧？我们在日常交际中也要注意分手时的语言和动作。热情招待朋友之后，人刚走出去就把大门砰地关起，前面的款待也将前功尽弃。与人会谈结束的时候，如能将自己的感激之情用三言两语表达出来，一定会给对方留下难以忘怀的印象。

说好开场白，让对方相见恨晚

开场白，也就是说第一句话的原则是亲热、贴心、消除陌生感。可以学习下面三种方法：

（1）攀认式。如初次见面，同对方说："我同你姐姐是同学"等，短短一句话，就缩短了与陌生人之间的距离。其实，任何两个人，只要彼此留意，就不难发现双方有着这样或那样的"亲""友"关系。

（2）敬慕式。对人尊重、敬慕会引起对方的好感，对初次见面者表示敬重、仰慕，这是热情有礼的表现。用这种方式必须注意掌握分寸，恰到好处，不能乱吹捧，不要说"久闻大名，如雷贯耳"一类的过头话。表示敬慕的内容应因人、因时、因地而异，应恰到好处，让听者感到自然。

（3）问候式。"您好"是向对方问候致意的常用语，如能因对象、时间的不同而使用不同的问候语，效果则更好。对德高望重的长者，宜说"您老人家好"，以示敬意；对年龄跟自己相仿者，称"小（姓），你好"，显得亲切；对方是医生、教师，说"李医生，您好""王老师，您好"，有尊重意味；节日期间，说"节日好""新年好"，给人以祝贺节日之感；早晨说"您早""早上好"则比"您好"更得体。

心动行动

找缺点——看看自己的人格魅力

损害魅力的错误行为

以下这些看似细小的问题，实际上常常会被人们忽视。每个问题看起来不起眼，但这些问题如果混在一起，其损害程度与影响就不可忽视了。比照下列问题，审视一下自己是如何做的。

①不注意自己说话的口气与表情，经常以不悦而且对立的口吻讲话。

②应该保持沉默的时候偏偏发表看法。

③随便打断别人的发言。

④滥用人称代词，每个句子中都有"我"这个字，给人太过自我的感觉。

⑤以傲慢的态度提出问题，给人一种只有我最重要的印象。

⑥在谈话中插入一些和自己有亲密关系，但却会使别人感到不好意思的话题。

⑦没有预约就不请自来。

⑧经常夸大其辞。

⑨嘲笑社会上的穿着规范。

⑩在不适当的时刻、场所打电话。

⑪在电话中谈一些别人不想听的无聊话。

⑫对不熟悉的人写一封内容过分亲密的信。

⑬对自己不了解的事情发表意见。

⑭公然质问他人意见的可靠性。

⑮以傲慢的态度拒绝他人的要求。

⑯在别人的朋友面前说一些瞧不起他的话。

⑰指责和自己意见不同的人。

⑱评论别人的能力。

⑲请求别人帮忙被拒绝后心生抱怨。

⑳利用友谊请求帮助。

㉑措辞不当或具有攻击性。

㉒当场表示不喜欢。

㉓老是想着不幸或痛苦的事情。

你愿意同平常就显示出其中三种缺点的人交往吗？这些缺点会引起对人的智慧和能力的怀疑，任何想要培养个人魅力的人，都应远离这些缺点。

5. 我的地盘我做主

——认识交往环境

 生活小故事

当我们觉得一个人素质较低时，常常会说他"家教不好"。其实，如果深究一下会发现这是挺有意思的一句话，好像在我们的印象中，家教不好和素质低是同一个意思。这也从一个侧面说明了一个道理，那就是家庭教育也可以认为是环境背景，它对一个人会有非常深远的影响。

 心理显微镜

人际关系也是如此，周围人对于人际关系处理会对个人有潜移默化的影响。家庭是社会的细胞，家庭环境是个小环境，会对某个个体产生很大的影响。其实家庭的人际交往就是一个复杂的社会系统，它上达长辈，下接儿女，横连社会，可以说人际交往始于家庭。人最开始的人际交往也是从家庭开始的，从跟父母兄妹的交往开始的。家庭的人际交往环境会对我们个人产生非常大的影响，如果家庭成员之间，互不相让，经常大动干戈，对于孩子的成长必然是没有任何好处的，等他长大后，会潜意识中用冲突的方法解决人际交往中碰到的矛盾，这显然是不利于建立一个良好的人际交往网络的；

相反，如果一个大家庭非常和睦，大家都懂得宽容谅解，相信在这种环境中长大的孩子，一定能收获一个健康的人际关系，因为他自小就学会了待人要真诚宽容，而这种品质对于人际交往是至关重要的。

家庭中的人际交往环境是小环境，是人的启蒙环境，也是最为重要的环境之一。除此之外，还有学校环境和社会环境等，都会对个人的人际交往产生影响。而家庭环境和学校环境其实都是处于社会环境之下的，都受社会大环境的影响，个人很难脱离社会而存在。社会是个大熔炉，即可以锻炼出百炼之钢，也可以将其吞没。作为人，认清自己固然重要，但认清社会更为重要。想要培养出良好的人际关系，就要认清周围环境，尽力抵制环境中坏的方面对自己的侵蚀，争取做到"出淤泥而不染"。下面我们简单列几条时下的人际交往环境。

人情关系浓重　重视人情其实是中国人自古以来的交往传统。读书时常会看到这样一句话"君即父，臣即子"，父子关系是"情"的成分的，封建社会中强调君臣关系即父子关系。可见中国社会自古以来就将"情"作为维系人际关系的重要筹码。当今社会也是如此，大家都在讲情分，"情"对于人际关系的维系和发展是有好处的。人与人的相处中，情的成分越重，碰到一些矛盾和摩擦时，就越会各让一步，其中一人有难处时，对方也会尽力相助。

凡事有利必有弊，在人际交往中重情分也不例外。人毕竟不能跟所有人都建立相对等的情分关系，这样难免就会出现"小团体"，小团体内部比较团结互助，也能相互尊敬。但一旦到了小团体外部，当发生摩擦时，矛盾就会瞬间升级，这显然是不利于培养良好的人际关系的。小团体从整个社会角度讲，也属于"个体"，而仅仅考虑个体利益，不顾他人利益，势必不会取得健康的人际关系。个人处于大社会中，与我们打交道的人会遍布整个社会，而绝不会仅仅在小团体内部。

看重经济交往　当今社会，可谓拜金和享乐主义滋生的时代，人们的思想也在受到潜移默化的影响。相信很多人都会把人际关系建立在利益的基础之上，有共同利益时处理得非常好，一旦不存在共同利益了，甚至利益发生冲突了，其关系会瞬间恶化。在人际交往方面缺乏"真情"，把人际关系庸俗化，将其建立在吃喝玩乐的基础上。殊不知，吃喝玩乐是最初级也是最没有价值的人际交往形式，它经不起风吹雨打。上了酒桌称兄道弟、推心置腹，下了酒桌勾心斗角、尔虞我诈，这样的人际交往显然没有任何"利用"价值。

 ·心·理·小·锦·囊

　　虽然时下社会中有一些不好的氛围，但也有积极向上的一面，君不见助人为乐似雷锋。生活中既有善，也有恶，关键是戴着怎样的眼镜，从什么角度来看，从方孔中看世界，世界永远是方的；从圆孔中看世界，世界则是圆的。我们改变不了环境，但可以改变自己看待环境的角度；改变不了环境加在我们身上的烙印，但可以选择用哪种烙印示人。即使身处恶劣环境之中，也要摆正自己，古人讲"穷则独善其身，达则兼济天下"，我们应该"独善自身"。

　　总之一句话，环境中有好也有坏，我们要积极吸收好的一面，努力摒弃坏的影响。比如，大街上你看到有人为了一点小事，起了争执，而且动了手脚；但同时你也看到了有人扶老年人过马路，这个时候，我们眼中的世界应该是扶老年人过马路的善。

　　同时，我们也应该积极创造良好的人际环境。虽然环境可以改变一个人，反过来讲环境也是由形形色色的人构成的，不能忽略个人对环境的贡献。从另一个层面讲，环境是什么，环境就是我们，是你也是我。良好环境，从我做起。俗语讲"投桃报李"，是很有道理，你用善的面目示人，对方就会用善的态度对你。所以在人际交往中，我们要真诚，积极建筑良好的人际关系，这样周围的人都会不自觉得被你感染。我们播下一粒种子，来年必会收获整个春天！

心·动·行·动

　　成功始于行动,让我们为了明天更好的人际交往环境行动起来。从今天开始,不管是对同学还是家人、朋友,每天要出于真诚地坚持做一件有益于你们之间关系的事情,比如你今天看到某某丢了一件重要的东西,他非常着急,你就积极地帮助他找回所丢的东西。相信不长时间,你就会收获一个良好的人际关系。

人
际
交
往
的
秘
密

第四篇　完善交往　深情厚谊需技巧

——人际关系确立篇

　　美国著名的政治家林肯曾说过："人生最美好的东西，就是他同别人的友谊。"

　　经过初次见面播下友谊的种子之后，友谊之花会盛开在我们的心田，会开遍每一个角落。这朵花很神奇、很独特，它艳丽娇人且有着扑鼻的芳芳。它芳芳的香味散发于人的心灵，只有真诚的人才会让它香气弥漫，才能开到了心灵深处，让我们友谊之花绚丽多彩吧！我们要如何营造温暖、安全的环境来让这朵美丽的花朵永不凋零，持久芳香艳丽呢？本篇内容将为你揭晓答案。

1. 信息对等　坦诚相待

——掌握自我暴露的技巧

生活小故事

　　我小时候是个很外向开朗的女孩。但是父母离婚后，我慢慢变得性格孤僻，不爱说话了。现在我只要和除父母以外的人说话，我都总觉得有层帘子隔着的，总是放不开。原来跟女生交流还好一点，但是男生，跟他们说话，我基本都很紧张。因为我有种担心，走近了，别人会说闲话的。随着年龄的增长，慢慢地不管男女老少，我都不是很放得开，与朋友相处时，我也是很严肃，基本不开玩笑，其实我还是想开玩笑，但是我怕她们会生气。

　　我的脾气也是属于那种不温不火的，我想冒火，但是我又不敢，内心没有安全感。因此，我总是压抑着自己内心的真实想法，不敢向他人倾诉我内心最真实的想法，我觉得现在的我都已经不是真实的我了，快像一个傀儡了，我该怎么办？

心理显微镜

俗话说"人之相知，贵在知心。"要想和别人成为知心朋友，有时候不妨适当地暴露自己的真实情感和真实想法。当别人需要真心话的时候，坦率地表达自己。这样不仅有了更多的聊天话题，更是给人一种可以接近的亲切感。反之，别人就会认为你难以靠近。心理学家阿伦夫妇和他们的同事曾做过关于"亲密感"形成方面的研究，他们将互不相识的被试分为两大组，分别让他们共处 45 分钟。其中一组，在最初的 15 分钟里，让他们交流一些无关隐私的话题，比如"最近一次同事聚餐是什么时候"等；接下来的 15 分钟里，让他们讨论一些较私密的话题，比如"你最宝贵的回忆是什么？"而最后的 15 分钟里，引导他们进行更多的自我暴露，如完成一个句子："我希望有一个人和我一起分享……"或者"你最后一次在别人面前哭是什么时候？自己哭呢？为了什么？"实验最终发现，相对于另一组 45 分钟一直在讨论些无关痛痒的问题来说，前面那组组员共处 45 分钟后关系明显更亲密。这项研究揭示了一个人际关系的巨大秘密：自我暴露可以轻易地帮助人们同他人形成亲密感，而互联网上能建立感情也恰恰因为这个原因！

良好的人际关系是在自我暴露逐渐增加的过程中发展起来的。随着信任程度和接纳程度的提高，交往双方会越来越多地暴露自己。所谓自我暴露，又叫自我揭示，是一个人主动提出自己的情感、思想、经验与他人分享，是一种人们自愿的、有意地把自己的真实情况暴露。

自我暴露并不一定要暴露自己的隐私 自我暴露的程度，由浅到深，大致可分为 4 个水平。首先是兴趣爱好方面，比如饮食习惯、兴趣爱好、日常娱乐活动等。其次是态度，如对人和事物的看法和评价，比如某某人的做法你不太喜欢，或是公司的某项规章制度你觉得不妥等。第三是自我概念，或与他人的关系状况，比如自己的

自卑情绪、你和家人的关系等。第四是隐私方面，比如个人的感情经历，个人不为社会接受的一些想法和行为等，一般是你在众人面前"难以启齿"的想法。一般来说，自我暴露的层次越深，说明你与他人在某种关系上卷入的程度也越深，与对方的关系也越好。

有些人社交能力强，他们可以饶有兴趣地跟别人谈论国际时事、体育新闻，但从来不表明自己的态度，这种情况下，双方交流多次也未必能拉近距离；而有的人虽然不善言辞，但是总能在谈话中表露自己的态度和观点，恰当地表达出自己与对方价值观相一致的爱好、习惯，他们反而更能拉近与人的距离。

 心理小锦囊

掌握好自我暴露的技巧可以让我们迅速地拉近与他人的距离。

自我暴露并不是越多越好 如果过度地暴露自己，会产生较大的负面作用。好比有那么一个人，总是喋喋不休地在你面前说一些他的隐私，而毫不关注你是否感兴趣，这样的人会给你一种"以自我为中心"的印象，当然不会受到你的喜欢，甚至会让你感到反感。

自我暴露不要太急躁 自我暴露必须是自然而然发生的，缓慢到足以使双方都不致感到惊讶的程度。如果过早地涉及太多的个人隐私，反而会引起对方强烈的排斥、焦虑情绪，甚至自卫反应。当他人在你面前大谈特谈自己的隐私的时候，你在内心也不免会思考："我是否也要把自己的隐私拿出来跟他交换呢？"因而感到焦躁不安。

向不同的对象暴露 将自我暴露的内容分散开来，不要将自己的全部真相和盘托出给一个人是我们人类正常的防御反应。所以要学会选择合适的人，表露合适的部分。你可以跟你同学聊聊学习，跟家人谈谈生活，你会跟这个人说他如何如何，跟那个人说我怎样怎样。总之，我们一般不会向同一个人暴露最完整的自己，而是会把内心拆成无数的小块，分给不同的人。但是也要注意，世界上任何两个事物之间都是相互联系的，有人提出，陌生人最多通过6次中转介绍也会相互结识。如果你认为你暴露的那些人永远都凑不到一起去拼接起来，那有可能是错误的。所以，自己还是要把握好暴露的分寸。

人际交往中，自我暴露到什么程度合适呢？人们最喜欢那些和自己的自我暴露程度相当的人交往，因此，自我暴露的时候要考虑到对象，也要掌握分寸，根据对方暴露的程度、对方的反应、你们之间的关系等来做自我暴露。

心动行动

我的名片

首先，每人一张名片，名片上要写出不少于5条的个人信息。可以对自己的名片进行合理的设计，以赢得别人的兴趣和好感。然后，主动向别人（至少5个人）介绍自己的个性卡片，同时也推销自己，内容可以抽象，也可以具体。

通过这个小游戏我们要明白，很多时候我们需要把自己内心的想法，通过适当的方式表达出来，才能使他人了解。在生活中，双向沟通比单向沟通更有效果，而双向沟通就要求我们信息对等，坦诚相待。但是，并非什么东西都要说，而要看你交谈的对象及其特点，考虑哪些必须要说，哪些可以说，哪些不能说。

妙语连珠

在推销产品之前，先推销自己。

——乔·吉拉德

2. 学会倾听　让心靠近
——掌握倾听技巧

生活小故事

小金人的故事

　　曾经有个小国派人到中国来，进贡了三个一模一样的金人，金碧辉煌，把皇帝高兴坏了。可是这小国不厚道，同时出一道题目：这三个金人哪个最有价值？

　　皇帝想了许多的办法，请来珠宝匠检查，称重量，看作工，都是一模一样的。怎么办？使者还等着回去汇报呢。泱泱大国，不会连这个小事都不懂吧？

　　最后，有一位退位的老大臣说他有办法。

　　皇帝将使者请到大殿，老臣胸有成竹地拿着三根稻草，插入第一个金人的耳朵里，这稻草从另一边耳朵出来了。第二个金人的稻草从嘴巴里直接掉出来，而第三个金人，稻草进去后掉进了肚子，什么响动也没有。老臣说：第三个金人最有价值！使者默默无语，答案正确。

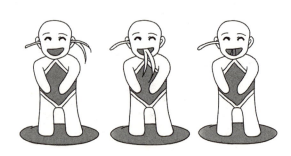

心理显微镜

你猜出来为什么第三个小金人最有价值了吗？事实上，这个寓言故事告诉我们，最有价值的人不一定是最能说的人，而是最会听的人。第一个小金人，聆听别人的教诲，从一个耳朵进，从另一个耳朵出，形容听完就忘的人，或者根本就没有认真听别人讲话；第二个小金人从一个耳朵进，从嘴里出来，这种人爱讲话，乱讲话，没有经过大脑思考。第三个小金人从耳朵听进去，然后默默记在心里。这个故事告诉我们，最有价值的人不一定是最能说的人，但一定是一个善于倾听的人，一个把听到的东西记在心里的人。

倾听是接受口头及非语言信息、确定其含义和对此做出反应的过程。人们通常都只听到自己喜欢听的，或依照自己认为的方式去解释听到的事情。但这未必是对方真正的意思。有人认为，人们在听的时候往往只能获得说话者25%的真意。积极的倾听是积极主动地倾听对方所讲的事情，掌握真正的事实，藉以解决问题，并不是仅被动地听对方所说的话。

积极倾听和消极倾听行为对比

		消极倾听的表现	积极倾听的表现
语言		窃窃私语，随意打断，过分沉默。	适当语调，适当音量，重复性、引申性话语。
非语言	眼神	眼神看向别的地方，目光呆滞。	保持适当的目光接触，眼神交流。
	表情	表情过度，严肃冷漠。	适当微笑，配合说话内容的表情。
	动作	背向说话者，双手交叉于胸前，小动作过多（如转笔）。	面向说话者，身体前倾。

 心理小锦囊

倾听技巧会影响我们倾听的效果，进而影响我们的人际关系发展。下面介绍一些倾听技巧：

要表现出自己对所听内容的好奇心 想耐下性子听别人说话，好奇心可以帮助你。在对方说话的短暂间隙，利用简短的话语来表达你对他所说内容的兴趣，如，"然后呢？""真的吗？""快接着说吧！"这必定能使对方心情愉快，乐意与你说话，使交谈气氛更融洽。

不随便插嘴、打断别人 在交谈中随意中断别人的讲话是一种非常不礼貌的行为。当对方的某一话题还没告一段落，或是还没请你发表意见的时候，千万不要自作聪明地或者是着急地打断人家的话。即便有不同的意见，耐心地把话听完，不但能更好地理解他人的见解，还能赢得他人的尊重。

注意与说话者的眼神交流 在你不便插话的时候，眼神的交流就显得很重要。这既表明你正在聆听对方说话；又能让对方从你的眼神中把握你的感受，以调整自己的谈话。所以聆听不光是耳朵的任务，还要让你的双眼"工作"起来。除此之外，也可以用点头、微笑等表示你理解对方的想法。

恰如其分的反馈 适时的回应，能让对方明白你在认真听他说话。但要注意，不要老是简单地回答："嗯""哦""啊"等等一类的词，不仅听起来单调，还会让对方怀疑你在敷衍他。可以改成"我明白你的意思了""这我了解啊"等简短的句子，效果就会大为改善。除此之外，你可以适当地总结倾诉者所说的话，让他觉得你听进去他所说的话了。

倾听不仅仅限于我们和同学之间交往，在家里，我们也要学会倾听父母的唠叨，那是他们表达关爱的方式；在学校里，我们要用心倾听老师的教诲，那是给我们教育的机会。当你真正掌握了倾听的技巧，你将会受到更多人的欢迎，也可以从别人那里得到更多的信息，让我们一起做一个善于倾听的人吧！让我们在用心的倾听中收获成长吧！

 心动行动

倾听能力小测试

下面是一个倾听能力小测试，帮助你了解自己的倾听能力。（答"是"得1分，答"否"得0分。）

1. 你喜欢听别人说话吗？

2. 你会鼓励别人说话吗？

3. 你不喜欢的人在说话时，你也注意听吗？

4. 无论说话人是男是女，年长年幼，你都注意听吗？

5. 朋友、熟人、陌生人说话时，你都注意听吗？

6. 你是否会目中无人或心不在焉？

7. 你是否注视听话者？

8. 你是否忽略了足以使你分心的事物？

9. 你是否微笑、点头以及使用不同的方法鼓励他人说话？

10. 你是否深入考虑说话者所说的话？

11. 你是否试着指出说话者所说的意思？

12. 你是否试着指出他为何说那些话？

13. 你是否让说话者说完他（她）的话？

14. 当说话者在犹豫时，你是否鼓励他继续下去？

15. 你是否重述他的话，弄清楚后再发问？

16. 在说话者讲完之前，你是否避免批评他？

17. 无论说话者的态度与用词如何，你都注意听吗？

18．若你预先知道说话者要说什么，你也注意听吗？

19．你是否询问说话者有关他所用字词的意思？

20．为了请他更完整解释他的意见，你是否询问？

测试结果：

将所得分加起来

18~20分，你是一个优秀的倾听者；

16~17分，是一个很好的倾听者；

13~15分，你是一个勇于改进、尚算良好的倾听者；

10~12分，在有效倾听方面，你确实需要再训练；

10分以下，你的倾听习惯不大好，需要努力改善你的倾听习惯。

妙语连珠

不要过分地向顾客显示你的才华。成功推销的一个秘诀就是80%使用耳朵，20%使用嘴巴。

——乔·吉拉德

3. 设身处地　将心比心

——掌握同理心技巧

生活小故事

住院记

三岁侄儿生病去看医生，从医生开始打针、吊上点滴，至医生离去，侄儿一直啼哭不止。妈妈说："申栋，妈妈拜托你不要哭好不好，医院的人都被你吵得受不了了。""妈妈抱你，乖，申栋最乖，最听话。等一下我买玩具给你喔。""申栋，你再哭，病就好不了喔！"

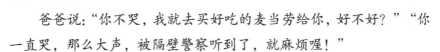

爸爸说："你不哭，我就去买好吃的麦当劳给你，好不好？""你一直哭，那么大声，被隔壁警察听到了，就麻烦喔！"

任凭爸爸妈妈怎么劝说，威逼利诱，这三岁的孩子就是哭个不停，声嘶力竭地哭叫，即使喉咙已经沙哑，仍断断续续地哭着。我去医院探望时，看他的爸爸妈妈正束手无策。我过去轻声地问孩子，"打针很痛喔！"

孩子竟安静听我说，且点点头，一句话竟使气氛改变，孩子的父母觉得我的话有如仙丹。"你很想不要打针是吗？""很想把这点滴拿掉是吗？"

孩子开始与我对话。

这是他住院以来，第一次不再哭闹而用言语表达意见。

我继续问："你害怕打针打很久是吗？我去问医生，可不可以不要打？"

我离开病房时，孩子安静的小睡。隔十分钟再进入病房，孩子立刻睁眼问："医生说什么？"我告诉申栋，医生在忙别的病人，等一会儿来看你。听我说完，孩子安心地睡了。

 ## 心理显微镜

故事里面的"我"运用同理心与申栋交流，让其明白"我"理解他的感受，从而拉近彼此之间的距离，建立信任感，这样交流起来就容易多了。

同理心是个心理学概念，就是指站在对方立场设身处地思考的一种方式，又叫换位思考、神入、移情、共情，即透过自己对自己的认识，来认识他人。它的基本意思是说，一个人要想真正了解别人，就要学会站在别人的角度来看问题，也就是人们在日常生活中经常提到的设身处地、将心比心的做法。具体方法就是考虑同样的时间、地点、事件，把当事人换成自己，设身处地去感受、体谅他人。

心理学家发现，无论在人际交往中发现什么问题，只要你坚持设身处地、将心比心，尽量了解并重视他人的想法，就比较容易找到解决问题的方法。尤其在发生冲突和误解时，当事人如果能够把自己放在对方的处境中想一想，也许就可以了解到对方的立场和初衷，进而求同存异、消除误会。其实同理心并不是什么新的想法，早在两千多年前的孔子就说过："己所不欲，勿施于人。"这就是同理心所说的，要做到"推己及人"。一方面自己不喜欢或不愿意接受的东西千万不要强加给别人；另一方面，应该根据自己的喜好推及他人喜好的东西或愿意接受的待遇，并尽量与他人分享这些事物和待遇。西方文化同样也有强调和推崇同理心的传统，基督教中的"黄金法则"说："你们愿意人怎样对你们，你们也要怎样待人。"其实这就是同理心原则的体现。

同理心是解决冲突的法宝　人与人之间冲突的来源，通常起源于对彼此的误解，或是一方态度咄咄逼人，或是一方拉不下脸来，或是情绪过于激动，或是过于固执己见……其实这都是可以避免的，同理心的作用也就在于此。

同理心是个人成功必备的素质　现实生活中常说："人同此心，心同此理。"强调的也是同理心。无论在日常工作还是生活中，凡是有同理心的人，都是善于体察他人意愿、乐于理解和帮助他人的人。这样的人最容易受到大家的欢迎，也最值得大家的信任。而所有的人际关系都是建立在信任的基础上的。注意这里所谈的"信任"不是指对个人能力方面的信任（例如，让别人相信我能把某项工作做好），而是指对人格、态度或价值观方面的信任（例如，让别人相信我的出发点是好的，相信在我面前不必刻意设防或掩盖自己的缺点和错误）。从这个意义上说：没有同理心就没有彼此之间的信任，没有信任也就没有顺利的人际交往，也就不可能在分工协作的现代社会中取得成功。不管是东方文化还是西方文化，都把同理心作为一种思维方式和道德标准，而没有从个人发展与成功的角度去阐述同理心的重要性。事实上，同理心既是人际交往的基础，也是个人发展与成功的基石。社会学家发现，同理心是人融入社会的一个重要环节，而很好地融入社会则是一个人发展与成功的前提。

所以，同理心不仅是为了理解别人，也是让别人理解自己。同理心并不要你迎合别人的感情，而是希望你能够理解和尊重别人的感情，希望你在处理问题或做出决定时，充分考虑到别人的感情以及这种感情可能引起的后果。

 心理小锦囊

人际交往的秘密

　　"共情"在英文说的很形象，"Put one's feet in other's shoes"。意思是"把自己的脚放在别人的鞋子里"。如果有的学生是没有脚的意识，就永远不会这么做；有的学生担心当进去后发生什么事儿，怕别人的鞋子有味道，怕别人的鞋不合适，怕别人计较；还有人很容易放进去了，但不知接下来该怎么办，不知所措，有的学生把自己的鞋子脱了让对方穿，不管别人是否合脚，是否愿意，这是典型的把说教或价值观强加在别人的身上，都不是共情的表现。

　　我们要对他人表达同理心，必须以"理解"为核心，拒绝盲目地"同情"，并且要抛开对他人的成见与判断，在理解他人的过程中，拒绝速成的答案。心理学研究者曾提出，表达同理心时要注意七个方面，我们结合一个具体的例子来理解一下。比如说，当朋友转进一所新学校，与新同学关系不和睦，面临适应不良的境遇时，我们会怎么向他表达我们的同理心呢？

　　运用开放式的问句　我们可以试着询问朋友："你想融入新集体，但是却发生了一些事情让你无法融入，都是什么样的事情呢？"此类开放式的提问可以让对话得以持续，不让谈话只停留黑与白、对与错、是与否等这种封闭式的问题中。在交谈过程中，对方会感受到被尊重，知道自己可以拥有一个暂时的空间，不被批判，得到接纳。

　　"放慢脚步"　朋友带着问题求助于自己，自然是很期待能给他一个解决问题的办法，但实际上他更希望得到的是被接纳的感觉，这是他目前最缺乏的。因此，面对朋友难解的问题，建议虽然可以给，但却需要留待最后当他把所有的故事都说出来的时候，这时给的中肯建议才有可能被朋友听进去。放慢脚步也意味着给朋友时间整理思绪，同时也是让自己能更准确地理解对方，也让同理心可以安抚对方。

别太快下判断　对于朋友的境遇，如果我们心里急着批评与判断，同理心的力量也就无法展现。表达同理心一个很重要的前提是价值中立，忘掉自己的世界，走入对方的世界。所以我们不能太快对朋友诉说的事情下一个判断，比如，这个事是好还是坏。我们应该伴随着朋友一起探其心灵深处，接纳他（她）光明与阴暗的那一面。

注意自己的身体语言　当我们在表达同理心时，最忌讳身体语言出卖我们的真实想法。比如朋友在和我们交谈时，发现我们在不停地打哈欠，那么他肯定会觉得我们对他所讲述的事情完全不感兴趣。这样，那么他来找我们解决问题的信心肯定会备受打击，以后很有可能就不会再找我们倾诉了。对朋友表达同理心时，一个不经意的手势与表情都可能让对方感觉自己被轻蔑因而失去信任感。因此一定要注意自己的身体语言，使心口如一将同理心的力量发挥到极致。

探索对方的过去　每个人现在的情绪都脱离不了过去的背景。了解对方过去目的是希望对人能有全面、完整的理解。面对朋友的境遇，我们应从他（她）过去的各方面来查找原因，比如，过去的人际关系怎么样等问题，来帮助朋友找到解决问题的良方。

鼓励对方说出自己的故事　每个人都有属于自己的人生故事，当故事说出来时，我们对一个人的理解将从表面进入到内在的心理世界。这样我们才能完全体验到他的情绪。

划定界限　这是表达同理心的最后一个步骤。有这样一个故事：两个迎面而来的人，踏上了同一座桥，对面的来者手里拿着一根绳子，当两人交会时，来者将绳子的一端交给了另一个人，随即跳下桥，对桥上之人说："我现在的生死由你负责，你要将绳子抓牢！"桥上的人对这个突兀的举动深感错愕，一时之间，不知如何是好。过了半晌，桥上之人对桥下之人说："这是你的选择，我将绳子系在桥柱上，你自己爬上来吧！"面对朋友问题，终究得他自己面对这一困境，不要企图代替他来解决这个问题。

同理心的表达还需要注意以下事项：

①避免假装了解。

②避免鹦鹉学语式的了解。

③避免当事人漫无目的交谈。

④避免只是单纯的询问。

⑤避免过多地反应。

⑥避免以问题代替同理心。

⑦注意非语言行为的一致性。

总之，人与人的关系没有标准的公式可言，只能以关心为出发点，为双方都留下空间，设想他们所想要、所需求的东西，他们能做的事，及他们自己的生活。也就是说，人与人之间只是关心仍是不够的！还需要爱，需要对于别人的处境感同身受。有了同理心，我们将不会处处挑剔对方，抱怨、责怪、嘲笑、讥讽便也大大减少；取而代之的是赞赏、鼓励、谅解、扶持。这样一来，人与人的相处就会变得愉快、和谐。

心动行动

同理心是一种可以培养的能力，下面让我们通过三个小活动来实践一下吧。

确认表面和隐藏感受的练习

请阅读下面的小故事，用笔写下其中的情绪，看看自己能否走入他人的世界，体会他人内心真正的想法。

1. 一位老奶奶说：我知道我的孩子很忙，可是我好几年没看到他们了，他们甚至不打电话。

表达的感受 ___理解、思念___

隐藏的感受 ___孤独、伤心___

2. 高中生（女生）对教师说：以前，我和几个好朋友关系非常好，无论干什么都在一起。可最近我感到不知为什么大家好像都在故意回避我。本来我的性格就比较内向，一直担心大家会嫌弃我，现在越想越觉得自己真没出息……

表达的感受 ＿＿＿＿＿＿＿＿＿＿

隐藏的感受 ＿＿＿＿＿＿＿＿＿＿

3. 中学生（男生）对教师说：最近我的父母老是训我说："不好好用功读书，考不上重点高中怎么办！"我能体谅他们望子成龙的心情，也很想用功读书，可不知该怎么办，真是困惑极了……

表达的感受 ＿＿＿＿＿＿＿＿＿＿

隐藏的感受 ＿＿＿＿＿＿＿＿＿＿

辨别不同情境下不同的感受

情境一：小梅个性内向，不善言辞，最怕在众人面前讲话，今天的语文课，就要轮到她上台演讲了，此时小梅的感觉是＿＿＿＿＿＿＿＿
＿＿＿＿＿＿＿＿。

情境二：小慧说："我真的不知道老师到底是怎么了，有时说我已经长大了，要自己独立处理事情；有时又说我还小，不要自作主张，要多听大人的意思，到底他认为我是谁呀？"小慧的感觉是＿＿＿＿＿＿＿＿。

情境三：小王说："唉！老天实在不公平，为什么一切好的她都有份，不但人长得美，功课也好，家里又有钱，而我呢？什么都不好，如果能有她的一半，那该多好呀！"小王的感觉是＿＿＿＿＿＿＿＿
＿＿＿＿＿＿＿＿。

情境四：妈妈对你说："唉！你现在长大了，就不像小时候那么听话了，多说你两句，你就嫌烦，说我唠叨，摆一张扑克脸，还常常顶嘴，骂我老顽固，真是为谁辛苦，为谁忙。"妈妈的感觉是＿＿＿＿＿＿＿＿。

同理心辨识练习

情境一：小黄刚刚参加完一次月考，他说："我恐怕这次考试成绩又不好了，像以前几次一样又没有希望了。"

你的同理心反应：

（　　）1. 不会的，你要有信心，就会成功。

（　　）2. 你为何不去找那些学习好的同学谈，也许你就会知道一些窍门了。

（　　）3. 不要这么悲观嘛！你怎么会这么想呢？

（　　）4. 由于过去失败的经验，你担心这次也会失败，好像不太有信心的样子。

情境二：小李说"其实我已经长大了，可是爸妈老是把我当小孩子看，什么事都过问，都盘查，我知道他们是关心我，但是我很想自己试试看，闯闯看呀！"

你的同理心反应：

（　　）1. 这就是天下父母心，总是爱自己的孩子，你要好好珍惜。

（　　）2. 你是不是曾经做过什么事让他们不放心啊？

（　　）3. 其实父母都是如此，他们这样做才会安心，你不必太在意，等你长大为人父母时，就能够体会了。

（　　）4. 你觉得父母过度操心，让你无法独立试试看。

😊 妙语连珠

我怎么对待别人，别人就怎么对待我。

想他人理解我，就要首先理解他人，将心比心，才会被人理解。

4. 学会说不

——学会拒绝

生活小故事

14 岁的何晓从小就学画画，他的画在学校里、市里多次获奖。一次他偶然在同学张萌的 T 恤上画了一幅山水画，同学们反响热烈。又恰逢张萌在校里做创新思维的演讲，还拿身上的 T 恤举例，这样何晓的画更是受到大家的关注和好评。接下来就有很多同学找他要画。他既高兴又有些为难，

因为马上要考试了，时间很紧，而且画料很贵，问大家要钱不是，不要钱自己承受又有困难。

父母劝他别多管闲事，以免因此影响学习。可何晓很为难，他希望既能拒绝同学的要求，又不伤友情。这件事怎么办才好呢？

心理显微镜

正处青春期的少年常常在理想自我和现实自我这一矛盾之中。就像案例中的何晓同学，既想展示自己的才华给别人留下一个好的印象，成为大家关注的对象，又存在自己的困难，不知道怎么掌握好拒绝的分寸。如果要给同学们画画，就要耽误学习的时间而且还

要自己花费来购买颜料。如果不给同学们画有可能让同学们觉得他太吝啬、太小气，可能会让自己的伙伴关系出现紧张。这确实是令人为难。为什么大多数人会为拒绝别人而感到为难呢？

在大多数人的思想里，拒绝是一件不好的事情，代表着冷漠、自私，有可能会招致讨厌、批评甚至损害友情。很多人都有这种想法："我只有顺从和帮助别人，才能得到大家的认可和欢迎。"这种"取悦他人"的倾向让我们很难拒绝他人。心理学研究发现，一个人拒绝他人的能力与自尊、自信紧密相连。自信不足、缺乏自尊的人常常觉得他人的需要比自己的更重要，在面对需要拒绝他人的情境时会尤其焦虑。

除了以上原因，我们之所以不会去拒绝他人还有可能是因为接受请求比拒绝更为容易，担心拒绝之后将会得罪对方或招致其在其他方面的报复，想做一位广受好评的"好人"，不了解拒绝不实之请的重要性以及根本不懂得拒绝的方法。

心理小锦囊

俗话说"助人为快乐之本"，在我们可以答应别人请求的情况下，我们要尽可能地答应。那么什么时候是必须拒绝的呢？

（1）违背自己做人的原则。

（2）违背自己的价值观念。

（3）有损自己的人格。

（4）助长虚荣心。

（5）庸俗的交易。

（6）违法犯罪的行为。

拒绝是一门学问，有些时候，我们本想拒绝，心里很不乐意，但却点了头，碍于一时的情面，却给自己留下长久的不快。所以，学会拒绝对提高我们的幸福感有很大意义，如何掌握拒绝的艺术，维持良好的人际关系呢？

切忌断然拒绝，要耐心倾听对方的要求　即便是对方刚提出请求就已经知道必须拒绝，也要耐心地听完对方的请求，弄清楚对方的愿望和要求。如果别人在刚开口时就断然拒绝，最容易引起别人的反感，损害人际关系。

坦诚自己的难处　听完别人的话后不要断然说："不，我不能答应"，而应站在对方立场上思考，一定要表示理解别人提出的请求的重要性。但要坦诚地说出自己的难处，这样别人也会体谅你，从而有可能自己放弃提出的请求。另外，要真诚地说出充分的拒绝理由。如果理由不充分，也可以直接说拒绝，比如，"感谢你看得起我，但我现在没办法答应""对不起，我不能帮忙"。千万不可编造理由，因为谎言终究会被揭穿。说明理由后，如果对方试图反驳，千万不可与之争辩，只要重申拒绝就行了。

选择合适的拒绝语言　表达拒绝可以有不同的方法：

谢绝法："对不起，谢谢，这样做可能不合适。"

婉拒法："哦，是这样，可是我还没有想好，考虑一下再说吧。"

不卑不亢法："哦，我明白了，可是你最好找对这件事更感兴趣的人吧，好吗？"

幽默法："啊！对不起，今天我还有事，只好当逃兵了。"

无言法：运用摆手、摇头、耸肩、皱眉、转身等身体语言和否定的表情来表示自己拒绝的态度。

缓冲法："哦，我再和朋友商量一下，你也再想想，过几天再决定好吗？"

回避法："今天咱们先不谈这个，还是说说你关心的另一件事吧……"

严词拒绝法："这可不行，我已经想好了，你不用再费口舌了！"

补偿法："真对不起，这件事我实在爱莫能助了，不过，我可帮你做另一件事！"

借力法："你问问他，他可以作证，我从来干不了这种事！"

自护法："你为我想想，我怎么能去做没把握的事？我怕会出洋相啊！"

不管采用哪种表达方法，一定要记住，拒绝的时候要和颜悦色。

拒绝之后，最好可以为对方指出处理其请求的其他可行办法 拒绝他人或多或少会让他人受到影响，最好的办法就是帮他人找到解决问题的办法，给予其他可以提供帮助的提示。

千万不可通过第三方加以拒绝 通过第三方拒绝，会让人感觉非常没有诚意。

总之，成功拒绝他人的不实之请可以节省自己的时间和精力，还可以免除由不情愿行为所带来的心理压力。关键在于拒绝前必须将对方的利益放在考虑之内，才能做到两全。学会拒绝的艺术，即可减少许多心理上的紧张和压力，揭掉"假面具"，又可以自己表现出人格的独特性，让生活变得更轻松、更潇洒。

 心动行动

（1）朋友劝说你抽烟。

你的朋友给你一根香烟并游说你去尝试，你对吸烟是十分反感，而且知道抽烟违反校规校纪的，你会怎样拒绝他（她）？

（2）朋友邀请你喝酒。

你的朋友在派对中给你一杯酒并游说你去尝试。你对酒是十分反感的，你会怎样拒绝他（她）？

（3）朋友邀请你明天与他（她）一起露营。

你的朋友邀请你和他（她）的朋友一起露营。你在后天有一个考试并需要时间温习，而且你也不喜欢他（她）的朋友。你会怎样拒绝他（她）？

（4）朋友邀请你一起去唱卡拉OK。

你的朋友邀请你和他（她）一起去唱卡拉 OK，但你认为那种场所品流复杂，且你一向歌喉平平，你会如何拒绝他（她）？

（5）同学劝说你染发。

你的同学游说你把头发染成红色，但你怕被老师责备，你会如何拒绝他（她）？

（6）朋友向你借钱。

你的同学向你借钱，说是用作购买参考书之用，但你怕他（她）不会还给你，又怕他（她）是用作玩乐的，你会如何拒绝他（她）？

（7）朋友邀请你参加生日派对。

下星期三是你的朋友的生日，他（她）会举行一个生日派对，并邀请你参加，但你有一位朋友即将往美国读书，你已约好在当天为他（她）饯行，那你会拒绝哪一位？如何拒绝？

（8）同学向你借功课抄。

你的同学向你借功课抄，还说会给你钱，但你觉得这样做是不对的，那你会如何拒绝他（她）？

第四篇 完善交往 深情厚谊需技巧

第五篇　情之所至　亲密并不能无间
——人际关系深化篇

从我们呱呱坠地起，我们就需要母亲的怀抱和安抚。这种亲密关系是每个人的需要。随着人际交往的进一步深入，我们会将心门打开，允许他人的爱进入自己的世界，也会允许自己去爱别人，这些都伴随着我们对他人的依恋甚至是依赖、渴望亲近的要求而产生。这种亲密在满足我们归属和爱的需求时，却也会偶尔带给我们不愉快的感觉。如何才能将快乐放大，将不愉快缩小呢？让我们一起来走进本篇内容。

1. 爸爸妈妈，我爱你们！
——正确处理亲子关系

 生活小故事

我有一个爱唠叨的妈妈

10岁的小畅说，那次他考试考得不好，妈妈的"火山"就爆发了！"那时才吃过晚饭。她把我叫到屋里，她坐在床上，我坐在凳子上。她一个劲儿说我成绩差，她的脸都被我丢光了。问我怎么那么笨，骂我不认真学习。"就这点事，妈妈翻来覆去地说了两个小时，小畅说他终于听不下去了，开始抵抗："既然我这么不好，为什么你们还要把我生出来呢！"

妈妈见她口水都说干了，孩子竟没听进去，又劈头盖脸地说："你还敢顶嘴，我这么辛苦赚钱还不都是为了你，不好好读书，长大你能做什么……"小畅已经懒得反驳了，就那么坐着，低着头听。"我躲藏过、哭闹过，有时我想只有永远离开才能解脱。"小畅如此说，显得很无奈。

 **心理显微镜**

亲子关系，即父母与子女的关系。在法律上是指父母和子女之间的权利、义务关系。父母和子女是血缘最近的直系血亲，为家庭关系的重要组成部分。

从《我有一个唠叨的妈妈》这个小故事中，我们不难看出小畅与妈妈的亲子关系出现了问题，原因是妈妈过度的唠叨。电影《小孩不笨2》里面也讲述了一个这样的故事，里面的主人公杨学谦说过这样一句话："我的家只是一个我睡觉的地方，表面上看起来什么都有，实际上什么都没有。"爸爸妈妈疼爱我们，有时我们却仍然感到"一无所有"，为什么会这样呢？亲子冲突产生的原因很多，主要有以下几个方面：

爸爸妈妈也有责任　首先是家长的教养方式，如果教养方式不当，就会导致孩子很多不良行为习惯的产生，比如溺爱型父母会使孩子以自我为中心，自私、任性，当面临困境便会缺乏信心而导致失败；专断型父母强迫孩子按自己的意愿办事，常对孩子进行惩罚或强制孩子执行，这会使孩子失去安全感，与父母对立，还会出现恐惧、胆怯；放任型父母以不干涉原则为基础，长此以往，孩子因为缺少关心而缺少社会责任感、不懂爱和关心。其次，父母的婚姻质量也会影响亲子关系。在家庭环境中，父母之间的关系会迁移到孩子。如在父母关系紧张时，孩子有可能成为父母消极情绪的迁移对象，有些父母甚至通过无缘无故责骂孩子来发泄对另一半的不满。因此，当父母关系出现问题时很容易导致不良的亲子关系。

"考不上大学就是废物"　教育观念片面也会限制孩子将来的发展。许多父母不顾孩子的潜能和兴趣，热衷于高学历，认为考不上大学就没出息，没出路，对孩子的期望值过高。其实在孩子的成长过程中，社会公德、勇气信心、心理承受力等非智力因素起着重要的作用，一个孩子在学业上的缺陷不一定影响他的一生。但由此形成的人格上的缺陷可害其一辈子。

亲子沟通不良，觉得互相看不顺眼　亲子之间缺乏有效的沟通也会使父母与子女之间的代沟越来越大、越来越深。调查数据显示，约有69%的学生感到无法与父母交流和沟通，42%的学生认为难以与父母交流，27%学生表示从不与父母交流。

青春期的孩子易抵触父母　青少年本身的一些因素会影响亲子关系。亲子冲突在青少年早期呈上升趋势，在青少年中期保持较高水平，在青少年后期则呈下降趋势。方晓义等学者的研究也发现相似的曲线趋势，青少年随着年级升高与父母冲突的频率和强度呈倒U型发展，初二年级处于顶峰。学生进入青春期，有了自己的思想、要求、兴趣，而父母却不理解，只是一味地强调读书，这会使学生产生逆反心理，带有强烈的抵触情绪。

 心理小锦囊

一个和睦的家庭需要父母和孩子一起努力经营，在经营的过程中，难免会存在各种各样的问题，但是不管如何，父母和子女如果始终能相互信任，相互理解，相互关爱，那这个家庭就是健康的。

爸爸妈妈要民主　从父母方面来看，建立民主型的教养方式是非常重要的。民主型的父母对孩子爱而不惯、严而不苛、信任尊重、民主平等。心理学研究发现，持这种教养方式的家庭首先能给孩子以安全感。其次，是满足孩子的归属感。在家庭中孩子能感受到被爱与被尊重，也学到了怎样爱他人并尊重他人。同时，还需要在家庭教育中注入情感因素。在家庭道德教育中，正确的情感体现在关心、尊重、理解、信任、期望五个方面。关心是家庭教育的切入点，既要关心孩子的物质需要，也要关心孩子的精神需要，尊重是指家

庭教育者和孩子之间在人格上是完全平等的；理解是说家庭教育者设身处地站在孩子的立场上思考问题、分析问题；信任是教育者信任孩子有战胜困难的勇气，有改正缺点、认识错误的需求，有积极上进的愿望和决心；期望是在期望中孩子才能克服自身的弱点不断地进步。

了解父母的特点　父母对子女的态度主要有严厉型、溺爱型、放任型、指导型。前三种大家都能理解，而指导型是指对子女严格而不苛刻，关心而不溺爱，放手而不放任。关心他们成长的各个方面，但是又不强迫他们，十分注意教养方法。了解父母的特点，我们就能充分地理解父母对待我们的方式。另外，还要注意关注父母的突然变化。比如，一般比较温和，但却因为一件小事而冲你发火。这时候我们要想，可能是爸爸妈妈在工作、事业上受到了什么挫折，人际关系中遇到了什么麻烦。如果确实是这样，我们应该从大局考虑，多为父母分忧解难。具体就是多替他们做做家务、亲手给他们做点好吃的等等。

学会尊重父母　父母是我们人生路上的导师。从子女方面来看，尊重父母是非常重要的。尊重并不等于什么都由父母决定，而是有不同意见的时候，双方能心平气和地坐下来一起商量，选择最佳的处理方式。同时，理解父母也是必不可少的。父母是家里的顶梁柱，既要工作，又要担负抚养子女和赡养老人的义务，所以父母的事情最多，压力最大。如果孩子能够理解这些，父母也会感觉很欣慰，很幸福。最重要的是学会感恩，如果能帮父母做些力所能及的事情当然是最好的，不仅让自己有价值感，而且还能减轻父母的负担，促进家庭的和谐。

其实与父母和睦相处的方法很简单，秘诀就是让父母和自己都心情愉快。父母是世界上最爱我们的人，我们要学会和父母和睦相处。

心动行动

爸爸、妈妈，谢谢您！

每个爸爸、妈妈都记得孩子的生日、爱好，以及其他每一个重要的日子，又有多少孩子记得爸爸、妈妈的生日和爱好呢？把最想对爸爸、妈妈说的话，你所知道的爸爸、妈妈的兴趣爱好等仔细地收集起来，把它记录在自制的亲情卡上，送给爸爸、妈妈一份意外的开心！

封面：爸爸／妈妈，我爱您！

最想对爸爸／妈妈说的话：

爸爸／妈妈的姓名：

爸爸／妈妈的生日：

爸爸／妈妈的兴趣爱好：

爸爸／妈妈最喜欢的食品：

爸爸／妈妈最快乐的事：

爸爸／妈妈最想做的事：

爸爸／妈妈最大的心愿……

2. 宽容坦诚 融洽和谐
——正确处理同学关系

生活小故事

　　同住一个宿舍的竺芳和贾芬因一件小事闹翻了脸。不久竺芳就意识到了自己的不是，她很想主动与贾芬和好。可是由于是舍友，她总担心如此做会使自己没面子，在舍友中造成不良的影响。因此，直至毕业，俩人也"老死不相往来"，这在竺芳心中，形成一个很大的心结。想想当初俩人曾经形影不离，对比今天俩人的冷漠，就觉得心里特别堵得慌。

心理显微镜

　　我们都是从各个不同的家庭走到一起的，每个人的生活环境、父母的教养方式各有差异，所以每个人的处事方式也各不相同。世界上没有两片完全相同的树叶，同样世界上也没有两个个性完全相同的人。人的个性是最复杂的了，有多少个人存在，便有多少种个性存在。由于人的个性不同，人与人之间产生矛盾和冲突就是必然的，特别是同学之间因朝夕相处产生的矛盾、因各种竞争带来的冲突是常有的事。

　　同学之间产生矛盾、冲突比较常见的是彼此之间在兴趣、爱好、信念等方面的偏爱和偏见所致。其实同学之间的许多矛盾、冲突都是因一些小事引发的，一次口角，一个误会，都可能引发冲突。只要大家心平气和地冷静处理是可以避免冲突，恢复同学之间的正常关系的，但是如果这些矛盾不及时解决就容易导致矛盾的进一步恶化，甚至产生严重不良后果。如果因为同学之间的矛盾、冲突而导致自己心情不佳，学习受阻甚至影响自己的顺利发展那就很不值得了。因此当矛盾、冲突不可避免地来临时，我们一定要用积极、理智的态度设法去化解矛盾，融洽同学之间的关系，让自己能在和睦、温馨的生活环境中安心学习，同时也提高了自己处理人际关系的能力。

心理小锦囊

教室里，你看到的不只是老师的言传身教，而更多的是同学与老师会心的交流。建立良好的同学关系对我们的发展尤其重要，应注意以下几个方面：

要热情主动　人际关系是互动的，不要总是消极地等待别人来主动关心自己，而要主动地与周围的同学交往沟通。在我们的同学中，他们或开朗、或深沉，或含蓄、或坦率，或豁达、或慎重，其个性是丰富多彩千差万别的。因此，我们在交往中要学会做个有心人，善于体察别人的心境，主动关心他人，采取不同的方式使他们感受到你的善意和温暖。如经常打水、扫地，为生病或有事的同学打饭、补习功课等。而现在的学生交往中，普遍存在一种"以我为中心"的交往倾向。很多人只强调他人对自己应该承认、理解、接受和尊重，却忽视对等地去理解和尊重他人；只注意自己目的实现，却无视他人的利益和要求等。在这种倾向支配下，他们常常不顾场合和对方心情，一味由自己的性子去交往，致使在交往中出现尴尬的局面。所以在很多的时候，我们需要多进行换位思考，只有将心比心，以诚换诚，才能达到心灵的沟通和情感的共鸣。

要理解尊重　每个人都有自己的气质和性格特点，不同的成长背景和生活习惯，所以在与同学交往的过程中，如果能互相理解尊重，

大家的关系就容易融洽，也会减少不必要的摩擦。

要以诚相待、宽容谅解 人与人的交往，最重要的就是真诚和善意，这也是做人的根本原则。口是心非，虚伪傲慢的人是难以有朋友的。我们的社会是一个多元化的社会，社会的复杂性导致个性的丰富性，这必然引起个体之间冲突的加剧，要与周围的人保持良好的人际关系，就必须学会求同存异，具备宽容豁达的心理品质，就必须多为别人着想，做到以诚相待。在生活中，我们与朝夕相处的同学有了误会，受到别人不公正的对待、不为人接纳时，你一定会为之焦虑和烦恼，也一定会影响你的学习、生活及社交关系。怎么办呢？大吵大闹？干脆绝交？这些都不是最好的办法，这样只能使自己在交往中处于不利地位且影响以后的交往。相反，如果我们做到宽容豁达，也许就会心平气和些，会站在对方的立场考虑问题，会体会他人的心情和感受，误会、委屈就常常会烟消云散，别人也将欣然接受你。要求别人宽恕自己过失的人，自己也应当这样对待别人，就不会导致敌意。当然，做一个宽容豁达的人是有一定难度的，但我们学生在日常的生活、交往中一定要注重这种品质的培养，以求更好地适应生活、适应社会。

要学会互相帮助 积极帮助同学能够在学生集体中树立起较高的威信。当同学处于困难之中的时候，我们应该伸出友爱之手，主动地帮助同学解决困难，即使无法帮助解决，只要我们愿意倾听同学对自己困难或痛苦的诉说，这也是帮助。因为外界的困难是暂时，内心的痛苦却是长久的，有人说，一个人把自己的痛苦告诉别人，那么他的痛苦就只剩下原来的二分之一了。那些整天只知道埋头学习，以各种借口拒绝同学的求助，把同学的帮助看成是一种纯粹的负担，是浪费自己时间的事情的人，他们在同学中就会慢慢地遭人冷落，他们拒绝帮助同学，结果也得不到大家的帮助。曾经有一位同学，他面对同学的请教，经常只是敷衍了事，结果是自己的威信越来越低。一次作文课上，老师叫同学们自愿结成小组，互相交流，结果班里没有人愿意和他结成小组，弄得他很尴尬。最后还是老师

110

把他分到一个组里，才不致使他下不了台。所以，我们应该有助人为乐的思想，积极帮助同学，共同进步。

要注重自身人格塑造和能力的培养　常听到有同学讲："那人性格好，懂得多，所以喜欢同他交流。"的确，一个品质好、能力强的人或具有某些特长的人更容易受到人们的喜爱。人们欣赏他的品格、才能，因而愿意与之接近，成为朋友。所以，若想要增强人际吸引力，更友好、更融洽地与他人相处，就应充分健全自己的品格，施展自己的才华，表现自己的特长，使自己的品格、能力、才华不断提高。人们喜欢真诚、热情、友好的人，讨厌虚伪、自私、冷酷的人。对个性品质一般评价最高的是真诚，评价最低的是虚伪。选择朋友，首先考虑的是个性品质，很多同学愿与成熟、热情、坦率、思想活跃、有责任感的人多交往。试想，一个自身素养高的人怎么可能遇事就破口大骂、拳脚相加呢？

同学关系是一种人际关系，班级、学校是一个小型社会，在这个小集体中学会处理好同学关系，将来走上社会才能善于处理各种复杂的人际关系，适应社会、影响社会。所以，如果只是一些鸡毛蒜皮的小事引起的矛盾，没有牵涉到什么大的利害冲突，那么只要大家各让一步，不就没事了。俗话说："忍一时风平浪静，退一步海阔天空。"大事化小，小事化无嘛。要是遇上大矛盾了，自己解决不了了，那么我们可以请老师帮助解决。可能有一些同学认为把自己和别人的矛盾告诉老师就是"打小报告"，其实这些同学的想法是错误的，因为事实上，有些事情或者说有些事情发展到一定的程度并不是你的能力所能解决的。所以，我们必须学会寻求帮助，妥善解决问题。

心动行动

良好同学关系的维系也需要我们的宽容坦诚，更需要我们用心地经营。下面介绍几个增进彼此关系的一些小活动：

（1）无敌风火轮

①项目类型：团队协作竞技型

②道具要求：报纸、胶带

③场地要求：一片空旷的大场地

④游戏时间：10 分钟左右

⑤详细游戏玩法：12~15 人一组利用报纸和胶带制作一个可以容纳全体团队成员的封闭式大圆环，将圆环立起来全队成员站到圆环上边走边滚动大圆环。

⑥活动目的：本游戏主要为培养学员团结一致，密切合作，克服困难的团队精神；培养计划、组织、协调能力；培养服从指挥、一丝不苟的工作态度；增强队员间的相互信任和理解。

（2）信任背摔

①游戏简介：这是一个广为人知的经典拓展项目，每个队员都要笔直地从 1.6 米的平台上向后倒下，而其他队员则伸出双手保护他。每个人都希望可以和他人相互信任，否则就会缺乏安全感。要获得他人的信任，就要先做个信任他人的人。对别人猜疑的人，是难以获得别人的信任的。这个游戏能使队员在活动中建立及加强对伙伴的信任感及责任感。

②游戏人数：12~16 人

③场地要求：高台最宜

④需要器材：束手绳

⑤游戏时间：30 分钟左右

⑥活动目标：培养团体间的高度信任；提高组员的人际沟通能力；引导组员换位思考，让他们认识到责任与信任是相互的。

（3）齐眉棍

①游戏简介：全体分为两队，相向站立，共同用手指将一根棍子放到地上，手离开棍子即失败，这是一个考察团队是否同心协力的体验。在所有学员手指上的同心杆将按照培训师的要求，完成一个看似简单但却最容易出现失误的项目。此活动深刻揭示了企业内

部的协调配合之问题。

②游戏人数：10~15 人

③场地要求：一块开阔的场地

④需要器材：3 米长的轻棍

⑤游戏时间：30 分钟左右

⑥活动目的：在团队中，如果遇到困难或出现了问题，很多人马上会找到别人的不足，却很少发现自己的问题。队员间的抱怨、指责、不理解对于团队的危害…… 这个项目将告诉大家："照顾好自己就是对团队最大的贡献。"提高队员在工作中相互配合、相互协作的能力。统一的指挥和所有队员共同努力对于团队成功起着至关重要的作用。

（4）坐地起身

①项目类型：团队合作型

②道具要求：无需其他道具

③场地要求：一块空旷的场地

④项目时间：20~30 分钟

⑤详细游戏规则：要求四个人一组，围成一圈，背对背地坐在地上；在不用手撑地站起来；随后依次增加人数，每次增加 2 人直至 10 人。在此过程中，工作人员要引导同学坚持，坚持，再坚持，因为成功往往就是再坚持一下。

⑥活动目的：这个任务体现的是团队队员之间的配合，该项目主要让大家明白合作的重要性。

☺ 妙语连珠

一句"对不起"，足以见真诚；

一声"请原谅"，不会掉身份；

一封"谢罪信"，婉转表真意；

一个"第三者"，铺就沟通桥；

一场"欢乐会"，冲淡不愉快；

一颗"赤诚心"，顽石变成金。

3. 珍惜友情　暂缓爱情
——正确认识友情和爱情

生活小故事

爱情？友情？傻傻分不清楚。

　　小刚的父亲和小玫的父亲是好朋友，他们两家住在同一幢楼。从小到现在，小刚和小玫一直是同班同学。他们一起上学，一起回家，有问题一起讨论，节假日也一起玩耍。同学们笑说："他们是一对青梅竹马的小恋人。"两人自从听了同学们这样议论后就不知该如何相处。有时小刚去找小玫讨论问题，小玫都会避而不见。小玫其实也很苦恼，她觉得和小刚一起上学、学习是很自然的事情，为什么大家非得议论呢？

心理显微镜

　　友情、爱情、亲情，无论是哪一种感情对一个人来说都是不可缺少而又弥足珍贵的。友情是一杯淡淡的茶，朋友的陪伴和关怀总是萦绕在你周围，久久不散。哲人说，真正的友谊是心与心的沟通，是设身处地的理解，是互相的分享。可否记得跌倒时，朋友伸出的双手？可否记得气愤时，朋友那同仇敌忾的神情？可否记得无论快乐与悲伤，朋友真诚的倾听与鼓励的眼神？俞伯牙善鼓琴，钟子期善听，伯牙为子期摔碎了七弦琴只为酬知己。"一句话，一辈子，一生情，一杯酒，朋友一生一起走。"而爱情是一首朦胧的诗。午后那温暖的阳光，铃铃响的单车，羞涩而单纯的笑，第一次牵手和亲吻时的害羞，"最是那一低头的温柔，像一朵水莲花不胜凉风的娇羞……"一切都与爱情有关。

进入青春期，中学生的生理、心理都产生很大的变化，性意识也随之觉醒。他们乐意与异性同学交往。热心与异性同学一起参与学习、讨论、班级活动等。男生在女生面前，往往表现出健壮、刚强、宽容大度；女生在男生面前，则表现出温柔、亲切、热情，这是正常的性心理的表现。但我们有些同学不能正确认识性心理、性意识的产生，不能正确处理与异性同学之间的关系。有的同学在与异性同学的交往中对何为友谊、何为爱情的问题产生了疑惑；有的同学不能很好地控制自己对异性同学的好感，陷入感情的漩涡；有的同学为自己性意识的产生感到困惑，甚至以为自己变坏了，因而忧心忡忡……

爱情看似一种虚无缥缈的感觉，但是美国著名的心理学家曾经对爱情进行了研究，并提出了闻名世界的"爱情三角形理论"。爱情包括三种成分：激情、亲密和承诺，这也是三角形的三个顶点的内容。由这三种成分的不同组合，可以构成多种多样的爱情类型。有的爱情里只有亲密，这就是喜欢；有的爱情里只有亲密和激情，但是两个人并没有承诺，没有承担起爱情中应该承担的责任，这样的爱情是浪漫的爱情，但是经不起时间和困难的考验。有的爱情里既有亲密，又有承诺和激情，这样的爱情才是完美的爱情，这样两个人在一起才可以幸福、快乐。

友情，词典上的解释是"朋友间的交情"，是相同兴趣、爱好

或性格相似的人的一种彼此关心、相互帮助的感情，是在心理相容的基础上形成的个人之间强烈而深沉的情绪依恋，朋友可以是同性也可以是异性，可以没有年龄和范围的限制。友情结束不会对彼此造成心理上的伤害，因为友情是多元化的，你可以同时有很多的朋友，无论男女。但是爱情不同，爱情具有排他性，要求相爱的双方感情执著、专一，同时与许多的异性保持恋爱关系是不道德的。但这种差异也不能否认异性间的友情是爱情的基础，为爱情开拓了道路。相信与爱情有关，而又与中学生有关的一个重大问题就是"早恋"了。既然父母、老师和社会都注重早恋这个问题，那什么时候开始恋爱才不算早呢？韩寒曾说过："世界上根本就不存在早恋或者偷食禁果。无论什么样的年龄，只要双方喜欢，心甘情愿，任何的感情都是天赋人权，是人类最大的权利，是不能被人干涉阻挠的。"韩寒的这番话或许有些极端，但在青少年生理和心理成熟的过渡期，对异性的懵懂情愫是无比正常的事情，强制的干涉和阻挠并非上上策。

心理小锦囊

　　爱情不等于友情，但友情却可以成为爱情的桥梁。作为生理和心理逐渐成熟的中学生，内心产生对异性的情愫和悸动都是正常的，这种他们以前没有经历和体验过的情感对他们来说具有极大的吸引力，促使他们去探索。探索的过程中，会有许多的同学因为与某个异性同学过分亲密而被其他同学"起哄"，最后自己也纠结于同学对自己来说到底是朋友还是喜欢的人。因此，在与同学的交往中要区分清楚到底是爱情还是友情，下面的一些关于友情和爱情的特点有助于你理清自己的感情。

　　朋友可以是同性可以是异性，但是爱情的对象一般是异性　朋友圈子和同学圈子之中会有男生也会有女生，既可以和男生成为好朋友，也可以和女生成为好朋友。但是与异性同学之间过分亲密的交往，这样的友谊有可能成为萌发爱情的种子。

朋友之间是彼此尊重、相互帮助的，而爱情却是深深的吸引和占有 爱情中的吸引和占有不仅包括身体的还有精神上的，而朋友之间纯粹的友情却是相互尊重、相互成长和帮助的。

朋友的交往非常真诚，优缺点一目了然，而恋人之间却是彼此掩饰相互美化 朋友之间交往的最高境界是真诚，真诚对朋友也真诚对自己，在朋友面前可以放松地做自己，即使是缺点也无需隐瞒，而恋爱中的双方则是互相掩饰，总是情不自禁地将自己的最好的一面展示给对方。

朋友之间相互独立，爱情中双方则相互依附 朋友之间的空间相对较大，他们是独立的个体，但是恋人之间更加追求依附，无论是在行为上的形影不离还是心理上的相互依恋。

友情是开放的、包容的，但是爱情是封闭的、排他的 一个人可以有许许多多的朋友，成群结队的，一个陌生人也可以融入一个朋友圈中，与其他人成为好朋友，但是爱情中却不允许有第三者的出现，爱情贵在专一。

友情立足现实、相互信赖，但是爱情却往往着眼于未来，充满期待 一个人在不同的时期会有不同的朋友，相互支持，共同成长，但是爱情却希望"白头偕老、永不变心"，恋人往往害怕失去，并喜欢不断憧憬未来。

如果一旦确认自己喜欢或爱上了自己的朋友和同学，恭喜你，你遇到了人生中重要成长的契机。你对他（她）的感情是真挚而美好的，任何人都无法否认或者鄙视它，但同时也要意识到，爱情不仅仅是一种吸引，更是一种责任，是目前自己稚嫩的双肩还无法扛起的重担。不要总是将爱和承诺挂在嘴边，作为中学生的自己要对自己的言行负责，将爱留给最值得爱的人。只有在对的时间遇到对的人，这样的爱情才会赢得所有人的祝福。相信随着自己知识的积累，能力的增长，人格的磨砺，终有等到爱情之花绚烂绽放的一天。

对的时间，遇见对的人，是一生幸福。

对的时间，遇见错的人，是一场心伤。

错的时间，遇见错的人，是一段荒唐。

错的时间，遇见对的人，是一生叹息。

心动行动

友情意味着两个人和世界，爱情则意味着两个人就是世界。人们对于友情和爱情的内心感觉和体验是完全不同的，对象也不同，那么你对于爱情和友情有着什么样的态度呢？是可以为了朋友而隐藏自己的感情，还是为了爱情不顾一切向前冲呢？下面有一些关于友情和爱情的经典的心理测试，但尽管非常经典，这些小测试仍然仅供休闲娱乐哦……

小测试一：

你到一个从未去过的原始森林中探险，身上带着五种动物，分别是：孔雀、猴子、大象、老虎和狗，四周危险重重，迫于无奈你需要将他们一一放弃。那你会按照什么样的次序将他们放弃呢？

心理解密：

老虎代表的是你对金钱和权利的欲望；大象代表你的父母；狗代表你的朋友；猴子代表你的子女；而孔雀则代表你的恋人。

小测试二：

炎炎夏日，你打算用那种方式度过：

A. 到空气冷的国家　　　　B. 吃冰

C. 多到冷气房里　　　　　D. 到有水的地方

E. 去深山老林避暑

心理解密：

选 A 表示你对爱情的态度是可有可无的。选 B 代表你的爱情来的快去的也快。选 C 代表你是个很容易动情的人。选 D 代表你的爱情比你的生命还重要。选 E 代表你对爱情很执著。

小测试三：

下面哪一项物品可以在你心理代表他（她）：

皮手套、蓝玫瑰、卡通枕头、眼镜、番茄、被子。

心理解密：

皮手套：关系一般的人；

蓝玫瑰：信赖的人；

卡通枕头：最亲近的、贴心的人；

眼镜：有帮助的人；

番茄：作为好朋友的人；

被子：可以相爱的人。

😊 妙语连珠

独学而无友，则孤陋而寡闻。

——孔子

人之相识，贵在相知，人之相知，归在知心。

——孟子

相识满天下，知心能几人。

——冯梦龙

万两黄金容易得，知心一个也难求。

——曹雪芹

有些人对你恭维不离口，可全都不是患难朋友。

——莎士比亚

4. 咫尺天涯 天涯咫尺

——把握网络交往的尺度

 生活小故事

陷入虚拟的陷阱

一个偶然的机会，我闯进了聊天室，那里的世界在我眼中很鲜活，但是也让我眼花缭乱，我不知怎么发言。就在我手足无措的时候，一个叫枫的男孩主动和我打招呼，他成为了我的第一个聊友。每天晚上，我们都准时地在聊天室见面。我们聊得特投缘，不知不觉中我发现自己已经对他有了一种莫名的情感。一天，枫提出要我做他的网络情人，我不加考虑地就答应了。不久我们通了电话，这种网络电话的恋爱让我不能自拔。我的心思再也不能全部放在学习上了，上课时满脑子想的都是枫，我的学习成绩也直线下滑，父母和老师找我谈过无数次，可是我死守着和枫的秘密，对谁也没有说过。在一个偶然的机会我发现了枫在与我交往的同时还与别的女孩有着亲密的接触，我伤心欲绝地提出分手，他却说虽然他有很多女朋友，可我是他最喜欢的一个，还说会永远记住我。我再也不相信他的谎言，我后悔浪费了自己的感情，为了一个荒唐的游戏耽误自己的学业，我追悔莫及。从此，我离开了那个虚幻的网络世界，再也不进聊天室了。

心理显微镜

网络亲密关系不同于传统的亲密关系，它有特殊的媒介——互联网。网络如同蜘蛛网一般连接起世界上的每一个人。曾有人假设说只要通过六个人，就可以在这世界上认识到你想要认识的人。地球因为网络的使用而成为了地球村，一切现实的距离在这个虚拟空间内对人类的交往产生不了任何的阻碍。这种新兴的亲密关系不像现实的亲密关系那般以婚姻为目的，而是建立男生和女生之间的亲密关系。相比于传统的面对面的交往，网络上的交往更加自由，没有那么多的顾忌，如果两个人聊得投机，可以更加深入地进行，但如果聊得不投机，也完全可以不顾及对方而直接离开聊天。在这里大家可以轻松地做自己，可以宣泄自己的感情、寻找倾诉的对象，在不用暴露自己的真实身份的同时又可以掌握交流的主动权。这里的交往完全不受年龄、地域的限制，也没有现实生活中的道德风俗的约束，这一切的特点都促使青少年在网络上寻找亲密的朋友和恋人。在他们为与陌生人交流中的"心灵感应"黯然伤神或欣喜若狂时，网络对面的那个人很可能在暗自窃喜又有一个笨蛋"上钩"又或者交往一段时间后提出分手，而这一切也因为网络的便利无需付出太大的代价，但是青少年由于身心发展并未成熟，思考问题没有那么深入和全面，容易冲动行事，造成不良的后果。

青少年的生理状态正在飞速地向成人靠拢，但是心理的成熟却发展相对缓慢。面对以前从未体验过的爱情的悸动和心跳，青少年有种跃跃欲试的冲动，很容易在这个时期陷入其中无法自拔，但由于他们的认知水平等的发展并不完善，对自身的了解和控制不足，会在现实情境下迷茫、不知所措，分不清什么是真实什么是欺骗。因此通过网络进行交往一定要慎重，尤其是通过网络发展亲密关系，一定要万分警惕。

随着网络的普及和应用，网络已经成为中学生人际交往的主要

阵地，甚至在网络上发展其亲密关系。对于自己以及周围同龄人对网络交往的状况，大家了解多少呢？现在就为大家提供一份对于未成年网络交往现状的调查，让大家了解当前同龄人的网络交往状况。

1. 常用交往网站

腾讯以绝对优势，位居未成年人社交网站首位。调查显示，"QQ聊天"和"QQ空间"以绝对优势位居众多社交类网站前列，分别以66.5%和40.6%的比例遥遥领先，"腾讯微博"以18.8%的比例位居第三位。可见，被调查者基本上是通过"腾讯"进行网上交往。紧随其后的是人人网（15.6%），同学网（11.7%），然后是新浪微博（11.4%）、百度空间（10.6%）和开心网（10.1%）。其他的网站，如博客、摩尔庄园等都在10%以下。

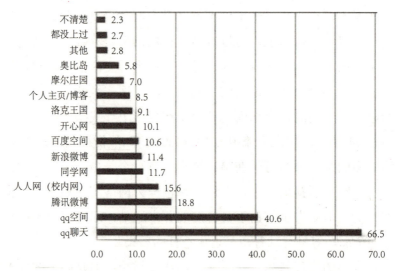

2. 网站吸引人的地方

未成年人经常去某个网站的原因或者是经常上的社交网站最吸引你的地方，排在首位的是熟悉的朋友和同学比较多，占总体的56.7，也就是说很多的青少年之所以经常上某个交友网站是因为许多的朋友和同学也在该网站。其次的原因是"对大家交流和关注的话题感兴趣"（36.8%）和"有很多游戏可以和朋友一起玩"（30.1%）。

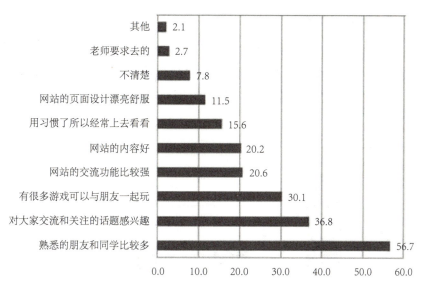

其他	2.1
老师要求去的	2.7
不清楚	7.8
网站的页面设计漂亮舒服	11.5
用习惯了所以经常上去看看	15.6
网站的内容好	20.2
网站的交流功能比较强	20.6
有很多游戏可以与朋友一起玩	30.1
对大家交流和关注的话题感兴趣	36.8
熟悉的朋友和同学比较多	56.7

3. 交往方式

　　未成年人进行网络交往的方式主要是网络聊天（79.5%），主要是通过在线聊天的方式与同学和朋友进行交往，其次也会通过使用"上空间"（37.4%）或者"网络游戏"（27.2%）的方式与他人进行交往。使用微博、电子邮件、跟帖评论等方式的人相对较少。虽然将微博作为交往工具的人只有24.1%，但是微博作为一种新兴的交往工具，正在成为席卷全球的交往风潮。

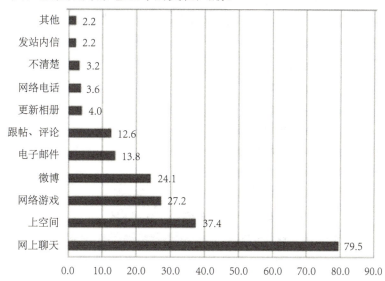

其他	2.2
发站内信	2.2
不清楚	3.2
网络电话	3.6
更新相册	4.0
跟帖、评论	12.6
电子邮件	13.8
微博	24.1
网络游戏	27.2
上空间	37.4
网上聊天	79.5

4. 网络好友情况

大多数的学生在网络上交往的朋友都是现实生活中认识的人（70.3%）。也就是说大多数的青少年只是通过网络这种方式作为朋友、同学之间交流的途径。当然通过网络结识新朋友的也占总体人数的10%。

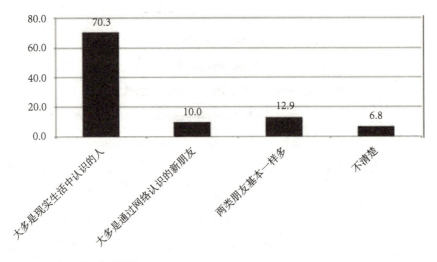

5. 个人信息暴露

青少年在进行网络交往时，最常暴露的信息是性别（69.1%），其次是qq号（53.7%），然后是年龄、姓名和电子邮箱，想一些能够直接识别学生的个人信息如照片、学校、班级等信息较少通过网

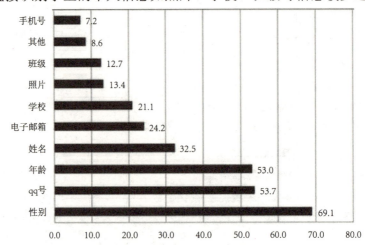

络暴露,由此可见,未成年人进行网络交往时有一定的自我保护意识,较少将能够直接识别的信息暴露给网络认识的人。

6. 对网络交往的认识

最大好处:自我表达方便,与朋友可随时保持联系。"能方便地发表自己的看法和观点"和"能与好友保持联系"是网络社交带来的最大的好处,分别以 50.0% 和 46.7% 的比例位居第一和第二。其次,"能更快了解新闻"和"能结交新朋友"也是他们认为社交网站带来的好处。

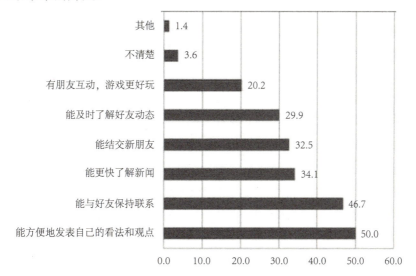

最头疼的:网络交往所带来的最头疼的事是各种各样的,情况复杂。网络交往带来的负面的影响有许多,其中,"太耗时间,耽误学习"和"不良信息太多,烦人"以微弱的优势位于前两位,比例均在 20% 左右;其次是"个人信息被泄露""假装好友,被欺骗",比例在 15% 上下徘徊。

7. 网络上结交新朋友

超过一半的人通过网络结识到了新朋友。在与新朋友交往的过程中,62.6% 的学生只通过网络进行交往,但也有一定的青少年通过网络以外的交往方式与网友进行交往,如打电话、见面等。

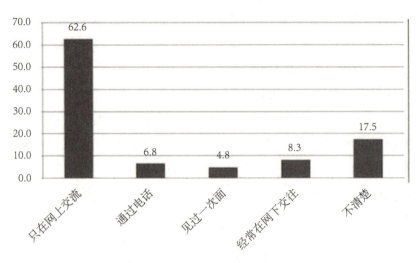

8. 网络交往对现实的影响

网络交往后，有近一半的学生表示与原来的朋友的交往更多了，可以通过网络随时随地进行网上交往，更方便和快捷，了解的也更深入了，更加熟悉了。但也有一部分人表示，网络交往对现实没有什么影响。

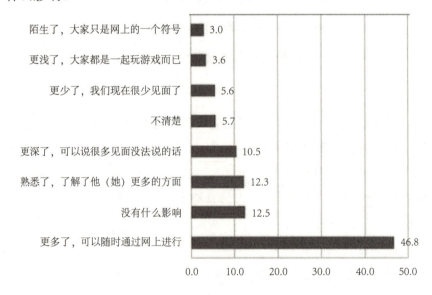

心理小锦囊

　　由于网络的虚拟性，在给上网的中学生带来新鲜刺激的同时，也让每一个人蒙上了面纱，一个虚拟的网名背后，隐藏着许许多多的秘密。于是一些人利用中学生的天真，使用不同的身份游戏于网络之间，欺骗、玩弄青少年纯真的感情，甚至进行一些犯罪活动。在网络成为一种重要工具的当代社会，用禁止使用网络来杜绝网络亲密关系的发生的因噎废食的方式是不可取的，因此中学生在网上进行交往时要注意提高警惕、保护好自己。

　　防身秘诀之一：提高警惕和辨别觉察能力。网络亲密交往对象看不见，摸不着，因此在交往的过程中必须提高自己的安全防范意识，不轻易泄露自己的个人资料，不随意答应网友见面等要求。

　　防身秘诀之二：提高安全防范意识。网络的信息良莠不齐，更有许多的不法分子利用网络交往来实施违法犯罪活动，作为网络使用者的中学生，一定要对这类信息高度警惕，提高自己抗诱惑的能力，才能保护自己。

　　（1）不要详实填写个人基本资料，除非取得父母的同意，否则千万不要在网络上留下真实姓名、电话、住址、父母的职业及就读的学校等基本资料。

　　（2）绝对不可随便把父母的信用卡账号登录在网络上，或者把自己的网络账号密码给予他人，自己的朋友也不可以。

　　（3）如果网友问及自己或父母的信用卡或银行账号，千万不要透露。必要时终止与其谈话并告诉父母。

　　（4）如果要利用网络订购相关软件或物品，一定要经过父母的同意。

　　（5）安装杀毒软件，不打开来路不明的邮件，不点击突然出现的匿标，并及时告知父母。

防身秘诀之三：勇敢面对现实生活中的困难和挫折。中学生要学会勇敢地面对生活中遇到的困难，积极地想办法去克服，而不是在碰壁后，躲在虚拟的网络中寻找精神安慰和寄托，甚至在虚拟的世界中寻找自己一辈子的伴侣。

有人在微博上提出，网络交友原则：人之相敬，敬于德；人之相交，交于情；人之相随，随于义；人之相信，信于诚；人之相处，处于心；虚伪网络，真实你我；自尊自爱，莫论人非；达官显贵不嫌，三教九流不拒；文人墨客不轻，老少爷们不弃；网逢知己千位少，话不投机半句多。

心动行动

网络使用检测试题

根据自己的实际情况，每题选择相应的数字。

1很少，2偶尔，3一般，4经常，5总是

1. 你发现你上网的时间比你预算的时间要长；

2. 你因为上网而忽略或忘记了本应该做的家务；

3. 你情愿和你的同伴在网上获得娱乐交流；

4. 你经常和新的网友建立关系；

5. 你周围的人常抱怨或提醒你在网上花费了很多时间；

6. 你由于经常上网而致使你对学习感到很痛苦；

7. 在你做其他必要事之前，总是先检查你的电子信箱；

8. 当任何人问你有关上网的事，你总是变得保守和富有戒心；

9. 由于上网而使你的现实生活比上网前变得要糟；

10. 你生活中碰到了挫折与压力通过网络来缓解；

11. 你对下次上网早在预料之中；

12. 你担心你一旦离开网络，你的生活将会变得烦躁、空虚和无聊。

  13. 当你在上网时如果有人打扰你，你会打瞌睡、哈欠或不耐烦；

  14. 你因为上网到很晚而占用了正常的睡眠时间；

  15. 从网上下来后你总是意犹未尽，好像还在网上；

  16. 当你上网时，你总对自己说："就一会儿时间"；

  17. 你尝试减少上网的时间，可总是徒劳的；

  18. 你经常尝试隐瞒你上网的时间；

  19. 选择上网还是和他人出去，你情愿上网；

  20. 当你下网后，你会感到压抑、不安、紧张和无所适从。

评分：

得分在 20~49 之间，使用正常。

得分在 50~79 之间，使用有点问题，已经开始影响正常的工作、学习。

得分在 80~100 之间，网络对生活等已产生了显著的影响，应该矫治。

第六篇　独上西楼　少年已识愁滋味

——人际关系障碍篇

　　世间万事万物都逃不过自然的法则，任何事物的开始都会对应着一个灭亡。人际关系也不例外，曾经美好的昨天可能会如阳光下的泡沫消失不见。原来的亲密无间，此时已是形单影只。你或许经历过一段失败的交往。

　　当时的心情还记得吗？

　　你又是通过何种方式来应对的？

　　看看本篇内容，是否依稀能看见当时自己的影子？

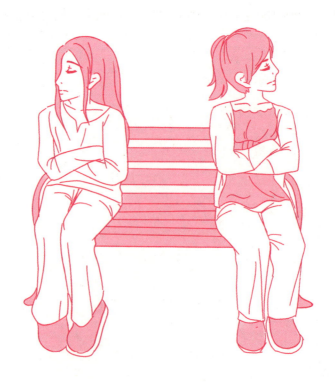

1. 遭遇背叛, 情何以堪

——把握应对背叛的策略

 生活小故事

　　我和小双从小学时就是很要好的朋友, 两人无话不谈。巧合的是, 我们升初中时仍然被分在一个班级里, 在陌生的环境里更是形影不离。慢慢地, 我们在新的学校里彼此都有了比较要好的朋友。但是很多事情我还是乐意跟小双说。有一次我无意中发现了班里同学的一个秘密, 当时她哭着让我不要告诉任何人, 我答应了。后来跟小双聊天的时候, 我觉得她这么一个值得我信任的朋友肯定能替我保守住, 所以就跟她说了这件事。没想到没过几天, 班上同学竟都知道了。面对那个同学仇恨的眼光, 我默默地看着小双, 觉得很委屈。我一直那么信任的朋友怎么会背叛我, 没能守住这个秘密呢?

 心理显微镜

　　当好友做出一件事情破坏了你对他(她)的信任时, 就会有被背叛了的感觉。背叛是人际关系中的一方以牺牲另一方的利益为代价而满足自身利益的行为。"背叛"并不是只有涉及国家、民族或者婚姻、爱情时才能用到的词语, 它也有可能发生在家庭成员间、朋友间或者合作者间。纵观整个人类历史，背叛行为都是被人所不齿的行为。从婚姻关系的背叛到暴露朋友的秘密，背叛一个人或一个群体都代表着不忠诚，是非常不合适的、不恰当的行为。从某种意义上讲，背叛行为表明，背叛者认为自己的利益比别人的利益或者两人间的关系更为重要。从更深层的层面上来讲，背叛代表了背叛者不在乎或者不珍惜其同被背叛者的关系。

背叛有很多类别，每个人的一生中都或多或少地会经历背叛。大多数时候我们也会有意无意地背叛他人。那么背叛感是如何产生的呢？在人与人交往的过程中通常会形成三个因素，破坏了其中任何一个因素都会产生背叛感。第一为关系的预期，也就是我们认定与他人的关系是以怎样的模式来进行的。例如，你和你的朋友每天早上都一起去上学，这样不用每次特意提醒，你们早上也会相互等对方。第二为承诺，随着关系逐渐地亲密，双方会有一些约定俗成的承诺。例如，你给父母保证每天上网玩游戏的时间不超过三个小时。第三为信任，相信对方会忠诚于两人的关系。结合本部分的导入案例，小双的泄密的行为破坏了同学对她的信任，所以产生了背叛感。

有研究者从另一个视角分析了背叛的形成。持这种观点的人认为，当我们觉得自己的需要在关系中未得到满足时，就会产生背叛。在亲密关系的最初形成时，满足了彼此归属和爱的需要。随着时间的推移，如果双方减少了给予和接收爱或关心的程度，就无法满足归属的需求。在一段关系中缺失的东西就会试图在另一个人身上寻找。于是会将感情放在别人身上，从而导致了背叛的产生。

在人际关系中，交往的双方都希望是诚实的、可信赖的、忠诚的。一段值得信任的关系会给人安全感。遭遇背叛的人，会对双方以前的人际关系产生不安全感，可能会很难再信任别人，影响与他人良好人际关系的建立。除此之外，这种背叛感还会泛化到其他方面，比如伤害被背叛者的自尊心；因为质疑自己的判断能力而在任何事情中都产生莫须有的怀疑；产生歪曲的思维模式，进而导致消极的或者破坏性的想法。

 **心理小锦囊**

如果遭遇到背叛，该如何应对呢？

深刻反思 给自己一些时间分析和反思整个事件的经过，问问自己，这段关系或这份友情是否值得挽救。如果发现这段关系还是很重要，最好的方法是重新发现最初两人成为朋友时所看重的品质。这可能只需要通过一次简单的聊天，彼此坦诚对方在这段关系中缺失了什么，然后再予以补充。注意在思考怎样处理背叛之前，要掌握全面的正确的信息或事实，要慎重地考虑之前的问题。在你做决定之时，一定要保证自己有清晰的思维，要保持理智。

冷静沉着，爱惜自己 遭遇背叛后，有些同学可能会为了避免伤痛而表现出一些对自己有伤害性的行为。比如抽烟、酗酒或通宵上网等等来逃避失望的情绪以缓解焦虑。但实际上，这些行为并不能解决问题。不要因为自己被背叛了而太难为自己，要积攒勇气让自己接受，背叛是生活的一部分。要多从事对自己有意义的事情。

通过合理的方式疏通情绪 学会让自己的情绪得到自然的疏通。如果哭会让自己觉得舒服些那就放声大哭。心理学研究发现，身体和心理健康之间紧密相关，所以试着多做些运动，多外出散散步，培养一个兴趣爱好让自己不要再纠结于被背叛这件事。

寻求支持 避免独自一人度过被背叛的时期，花时间同其他朋友、家人、同学一起，可以向他们倾诉内心的想法。他们会提供耳朵，给予各种各样的鼓励，帮你树立起维持现有人际关系和建立新的积极的人际关系的信心。另外，还可以通过收听、阅读或者观看积极向上的作品来帮助自己振奋精神。所有这些寻求支持的方式都会提高你以后再面对背叛时的情绪免疫力。

懂得宽容，切莫复仇 如果你觉得这段关系还值得挽救，那么敞开心扉，接受和解。虽然这很困难，但是人生要学会原谅，学会继续前进。复仇是一件浪费时间的事，不用同样的方法或策略去伤害他

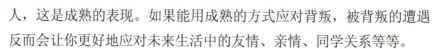

人，这是成熟的表现。如果能用成熟的方式应对背叛，被背叛的遭遇反而会让你更好地应对未来生活中的友情、亲情、同学关系等等。

对未来充满信心 经历背叛确实会让人感到很煎熬，但是要乐观地面对，要有积极向上的态度。要下定决心走出被背叛的阴霾，要让自己变得更强大，给自己足够的安全感，让自己拥有新的观念、思维模式以及性格。不要活在自我否认里或者对自己感到惋惜。在所有的事情上，你都应该保持乐观，要让自己认为未来依然是美好的。

处理好了被背叛的糟糕情绪，如何重拾信任，继续维持已有的交往圈或者扩展新的交往圈呢？

认识到信任他人是必需的 一些人愚蠢地认为自己的人生中再也不需要有亲密关系了。然而，人类是社会性的动物，是需要别人的陪伴的。没有信任，你就不能有亲密的人际关系。没有亲密的人际关系，生命将会非常空洞。其实，有很多事情是我们一直相信着的，比如，在餐厅吃饭时，绝大多数等得不耐烦了的人都会相信服务员一定会把餐送上来的。既然世界上还存在着这样让我们如此信任的东西，就不能对他人完全失去信心。

要理解，一个人并不能满足你全部的交往需要 很多人都在寻找这样一个人，可以将自己的整颗心都与那人分享。要想重拾信任，这个想法就是不合理的。重要的是你所有的需要都得到满足，而这种归属和爱的需要的满足，是通过与不同的人交往来实现的。所以一个人的背叛不能理解为是全世界的背叛，还是要学会去信任他人。

寻找值得信任的人 你如何对待别人基本上就能看出别人会怎样对待你。如果某位同学告诉你关于别人的很多的生活私密细节，就有可能同样背叛你。然而，如果关于他人的事情很少提起，那么也不大有可能将你的事情告诉他人。所以我们要善于寻找值得信任的人，慢慢地投入到一段新的关系中。这个过程可以循序渐进，最初时可以适当地信任他人，看看情况如何。如果这个人破坏了这份信任，那么你就可以不用再给予更深层次的信任。反之，如果这个人在很多小的事情上是值得信任的，那么你就可以在更大的事情上更加自信地相信他／她。

要相信自己，如果被背叛了也照样安好　很多情况下，害怕信任别人是由于自己害怕不能够有效地处理背叛。若另一个人打破了你对其的信任，就会很害怕随之而来的种种痛苦情绪，就不大可能再去相信别人。然而，如果你很自信在别人让你失望后你依然会很好，那么你将会比较容易再去信任他人。

有时背叛是在所难免的。在遭遇背叛后，不管是对以往所有的人际关系，还是以后生活中会建立起的新的人际关系，都要认真地、有建设性地思考自己未来采用何种行为来处理。到底是再给双方一次机会来修复感情还是暂时中断抑或是彻底远离呢？这些都需要我们认真考虑。在这个过程中，最困难的课程就是去学会重新再去接纳一个人或者再重新相信一个人。但是一定要记住，并不是所有人都像那个背叛你的人一样会伤害你，要给自己一些时间和空间来慢慢地用心经营与他人的关系，相信他人。同时也要始终相信，唯有经过这样的磨炼，才能获得更多的成长，才能在以后的生活中自信地处理各种情境，清楚地知道存在解决问题的办法。

心动行动

你会背叛朋友吗？

某天你在沙漠旅行，突然发现沙漠中有个会发光的东西，那东西是什么做的

A 玻璃　　　　　　B 金属　　　　　　C 塑胶

心理解密

选 A　你很少会有背叛之心，但有时为了保护自己，可能会背叛朋友；

选 B　你真的是宁愿自己吃亏也不会背叛朋友；

选 C　你虽无恶意，却可以轻易地背叛朋友，说不定已经有人在恨你了。

2. 谎言，毒药 or 良药?

——正确应对欺骗

生活小故事

康奈尔大学的心理学家杰夫汉考克曾经做过一个研究，四分之一的学生人际交往含有撒谎行为，其中撒谎最频繁的是在电话里，而电子邮件撒谎的比例最低。原因很简单，使用电子邮件会留下记录，撒谎者不喜欢留下记录，而电话中常不会留下记录，故都倾向于在电话里撒谎。另外，麻省理工大学的心理学家罗伯特·费得蒙也做过相似的研究，得出生活中有 60% 的人在 10 分钟的交谈中撒谎 2~3 次。可以说，撒谎已经成为社会生活中普遍存在的现象了。

相信看到上面的数据，很多人都会大吃一惊，天哪！难道我们生活在一个谎言的世界里，难道我们周围充斥着欺骗，其实大可不必忧心忡忡。举一个非常简单的例子，你一个朋友要约你去逛街，但是你的的确确不乐意跟他去，不管是处于什么样的原因，反正你有抵触心理，那你会怎么办呢？要跟他实话实说："对不起，我不喜欢跟你去逛街，我不会去的。"显然是不行的，相信大多数人都会说："对不起，我最近有某某重要的事情要做，实在抽不开身。"这就是谎言，这就是撒谎，撒谎也属于一种欺骗。

心理显微镜

通过上面的小例子，相信大家都已经相信了，其实我们时刻都处在别人的谎言之下，只是我们没有发现。撒谎也是有深层次原因的，并不是今天想撒谎了，于是便开始撒谎，明天不想撒谎了，于是便不撒谎。下面我们简要介绍下撒谎的原因。

讨人欢心 举一个非常简单的例子，某天有位女士接到男朋友的电话，对方说自己病了，然后她赶紧表示关切和同情，同时说了一大堆注意身体之类的话，但事后她告诉朋友，其实她的真实想法是："真是一个孩子，都这么大了还不会照顾自己。"那这位女士能表露自己真实的想法么，显然是不合时宜的，而她表示关心的目的是什么呢？潜意识中隐藏着讨对方欢心的想法。此种撒谎对于人际关系的发展有害么，正好相反，懂得适时撒谎或扭曲真相可以巩固人际关系并且让关系更加亲密。

炫耀自己 有个美国人经常在人前滔滔不绝地讲述自己在战争中的经历，而且每次都讲得绘声绘色，但实际上他从未上过战场。那为什么还会一次又一次地重复这个无聊的谎言呢，有研究称，这反映出他缺乏自信和安全感，为了得到他人羡慕的目光，获得心理的满足，于是经常把别人的体验安插在自己身上。这种谎言在人际关系中是不可取的，虽然可以通过一时的谎言，使自己看上去更光彩些，但是时间长了别人总会知道，这个时候只会招致别人的厌烦，对于长久的人际关系只会有坏处，没有丝毫的好处。

实现自我保护 说谎有时候也是为了实现自我保护，有些人害怕自己会被时代淘汰，害怕遭到别人的报复，于是便编制各种各样的谎言。有心理学家称，说谎是一种社会生存机制，就像动物的壳，保护着人们远离伤害。用简单的托辞打断对方的进一步询问，可以保护自我隐私和真实想法，不至于陷入某种是非中去。彼此冷漠的

人际关系，让人心生防备，从而编制谎言，是出于自我保护的需要。

在人际关系中，欺骗和谎言既能成为润滑剂，也能成为埋葬者。善意的欺骗，可以有效地维系个人的人际关系，使对方面子上都过得去。有同学弄坏了你的一件东西，但是对方却不承认，并且还欺骗你说看到是某某弄坏的，那么等你知道真相后，还会跟他继续交往吗？这就属于恶意的欺骗，可见恶意的欺骗不仅不能成为人际关系的润滑剂，而且还葬送一段人际交往。

心理小锦囊

一个人在说谎时，是可以通过一些细微的表现观察出来的。下面我们就介绍几个小技巧，教给你怎么去判断对方是不是在说谎。

面部表情　面部表情对事件的反应是迟于思维的，一旦表情出现在脸上，就会保持较长的时间，而且转换起来比较缓慢。所以当某人面部表情和语言发生了不合拍的情况时，基本上可以判断他是在说谎。举个简单的例子，通常当一个人收到一份自己喜欢的礼物时，他会马上露出喜悦的表情，然后说"我很喜欢"，但如果他不喜欢却撒谎的话，他会在说"很喜欢"之后才会露出一丝高兴的表情。

眼神交流　大多数人在和别人说话时会保持眼神交流，因此，如果有人刻意避免所有的眼神交流，那么这基本是一个他们在说谎的信号。

肢体语言　通常情况下，说谎者的肢体语言都比较僵硬，说话时基本上没有手和手臂的动作加以配合，即使有动作也会不协调。而且有些人会有一些特定的动作，当他们做这些小动作时，基本可以断定在说谎，比如单肩抖动、揉鼻子、挠耳朵等等，每个人的习惯都不一致。

撒谎者的语言习惯　说谎者一般不对问题做直接答复，他们常采取暗示的方式，而非直接地否定或肯定，即使回答问题，有人也会补充各种不必要的细节，仿佛害怕别人不相信自己所说的话一样。有人还会对某些问题含糊其辞，不强调任何事情。

以上只是几个关于判断对方是否说谎的小技巧，不具有普遍性，每个人的习惯是不一样的，但只要我们细心观察，定会发现说谎者的一些蛛丝马迹。即使我们知道对方在说谎，那怎么应对呢，其实如果对方是善意的谎言，无伤大雅，没有必要揪着这一点小瑕疵不放，这样反而会把自己的人际关系弄得很僵。

古语讲"己所不欲勿施于人。"我们都希望自己不被欺骗，那么就要严格要求自己，在人际交往中，虽然可以适当地说一些善意的谎言，但是不能经常，更不能恶意得欺骗别人，要知道骗人最终骗己。

 ## 心动行动

学习了本节的知识，我们知道适当的谎言不会使人际关系恶化，但是谎话说多了，也会让人厌烦。所以从今天开始，同学们要做一个诚实的人，为了督促自己，可以每天都记录下今天自己说了多少次谎，一段时间后，拿出来总结一下，看看哪些是属于自己应该说的，而哪些不应说，并且改正。

_____的谎言记录表

我的谎言	是 / 否该说
1.	
2.	
3.	
4.	
5.	

3. 不"打"不相识

——正确处理人际冲突

 生活小故事

新学期开始，陈老师为了能让班级中的成绩较好的学生给予成绩较差的学生多一些学习上的帮助，在班内开展了"结对子，一帮一"的活动。小梅学习成绩较好，就被安排了与成绩较差的小强坐同桌。小强对此非常不满，因为在上一个学期中，小强曾经嘲笑小梅是"只

会学习的书呆子"，两人还为此吵过架，他的文具还在这次冲突中被毁坏了。于是小强就找陈老师要求调开座位，没想到未得到允许。小强回教室后便将陈老师放在桌子上的水杯打破了。

 心理显微镜

世界并不是掌握在一个人的手中，在与他人相处的过程中，总会遇到一些意见不合的时候，这个时候无法避免地会发生摩擦和冲突。所谓人际冲突就是在交往中为了满足自己的利益而使他人的利益受到损害的现象。案例中的小强就经历了同学冲突和师生冲突。

冲突有多种类型。日常生活中有多种多样的冲突。弄明白冲突

的类型可以帮助我们更好地解决它。冲突的第一种类型被称作"假冲突"，是指存在可能引发冲突的情境，并没有实际的冲突发生。比如，本来好友和你约好明天放学一起去逛街，但是他又突然告诉你明天他另有打算。第二种类型被称为"内容冲突"，是指针对说话内容的正确性引发的冲突。比如，你说："老师让我们把单词抄3遍。"结果好友却说："不是吧，老师明明让我们抄2遍的。"第三种类型被称为"价值冲突"，是指双方对一些问题的根本看法不一样导致的冲突。比如，有的同学认为老师应严加管教自己才好，而有的同学则认为老师应该给予适度宽松的学习环境才对。第四种类型被称为"自我冲突"，是指自己跟自己的斗争，比如心里认为上课不专心听讲是不对的，但是实际上却总是做小动作。自我冲突的结果要么是肯定自我价值，要么就是贬低自己。

心理小锦囊

面对已经产生的冲突，不仅要了解采用何种策略化解，更要清楚地知道，什么样的行为会激化冲突，产生更坏的结果。

批评　批评不总是坏的，但是如果批评别人时是针对人而不是事，是对个人的攻击而不是对引发冲突的原因进行的批评，比如说："你这个人总是这么差劲"这样的言语，把焦点放在对方人格的攻击和责备上时，批评就会达不到预期的目的。冲突双方"翻旧账"，将以往的不愉快收集起来在某一时刻一起爆发，比如，"你从开学到现在总是不停地挑我的毛病"这样言语也会使批评达不到预期的效果。

蔑视　冲突的双方在情绪激动的情况下，很容易故意用一些侮辱对方、伤害对方的言语或行为来蔑视他人，伤害他人的自尊。比如，用"你个白痴"此类的话来辱骂他人，讽刺或挖苦以取笑对方，甚至通过肢体语言侮辱对方（挤眉弄眼或是嘲笑），还包括在其他

人面前诽谤对方并鼓励其他人也这么做。

防御　第三个危险信号是冲突方开始防御。防御是指把自己看成受害者，诉说自己遭受的种种委屈或伤害，拒绝承担改变行为的责任。

搪塞　面对别人的解释或者反驳，态度会很不认真，认为他们这些都是没有用处的行为。这种搪塞的态度往往会使冲突恶化。

了解了什么样的行为会加深冲突，那么到底该如何解决冲突呢？

与父母的关系问题，要记住尊重为先　与父母产生冲突时，要时刻牢记，信任尊重家长是最起码要铭记的事情。父母是这个世界上最爱你的人，他们永远不会伤害你，所以要多站在家长的立场上考虑问题。要勇敢地搭建与父母沟通的桥梁，相互理解，共同合作，化解冲突。

与老师产生冲突时要勇于表达　要在尊重老师的前提下，敢于将内心真实的想法表达出来，尽量努力地化解冲突。在平时的日常学习生活中，要注意与老师建立相互信任的关系，这样才会使冲突产生时，师生双方不会过度对立，将矛盾激化。

与同学产生冲突时，应该注意加强交流　良好的同学关系全赖互相了解，要达到互相之间彼此了解，就要加强交流，在思想和态度方面加强沟通，课余时间多搞一些社交活动，如打球、下棋、郊游等，增进了解，友谊。其次是关心他人，希望得到人的关心是基本需要，你愈关心别人，你在他生活中的重要性将因之而得到增加，自然而然他也会转而关心你，一旦彼此之间互相关心，同学关系也就自然密切了。其三是宽容别人，"人无完人"，任何人总是有缺点的，也总会做错事的，这些都是正常和不可避免的，对他人的缺点和错误能持一种宽容的态度，不要计较，别人会很感激并愿意与你交流。再就是完善自我，同学关系紧张的人，大都性格和习惯方面有些毛病，应刻意改变自己的不良性格和习惯。做好以上几个方面，一定会处理好同学关系。

总之，冲突处理有以下几个要诀：

对事不对人 在发生冲突或争执时，将焦点置于事情本身，客观分析冲突的起因与双方对错，不将冲突扩大化。人际冲突的起因大部分是一些生活琐事，而且双方都要承担一定的责任，也很难分清谁对谁错，所以如果将冲突的起因归于某人，双方只会相互攻击从而激化冲突，但这种错误的做法很容易被本能性地使用，请同学们一定要注意。

给情绪降温，做合理的让步 在发生人际冲突时，双方都处于一种应激状态下，在这种情绪状态下，很容易说出中伤彼此的话而造成无法挽回的局面。此时，做适度的让步不失为一种明智的选择，让步并不代表忍气吞声，把握好度也是一种智慧。

当时当地解决冲突 发生人际冲突时，直面问题，坦诚以待，立即处理，而不要暗自较劲，更没有必要记仇。前面提到过，人际冲突的起因多半是小事，在当时如果双方直面冲突，彼此说出自己的真实感受，一般都可顺利地解决冲突。但事实上，很多人当时都会选择逃避，几次逃避之后，小问题会积攒成为大问题，到那时发生人际冲突就是算总账了，陈年旧事都有可能会翻出来，此时再处理就是难上加难，这是同学们务必要注意的一点。

 心动行动

学习了本节内容，相信你一定掌握了很多解决冲突的技巧，能更融洽地与他人相处。下面通过《重新来过》这个游戏，来见证一下我们进步吧！

回顾过去，找出你印象最深的一次冲突，填写下表。

我曾经跟他人发生的冲突	
当时的解决方法	
事后两人关系的变化	
现在我重新来过，我会选择的方法	

第七篇　和好如初　莫让哀愁绕心头
——人际关系修复篇

　　世事纷繁冗杂，充满了太多的不可预测。曾经认为牢不可破的友谊有可能因为一个小小的误会就土崩瓦解。但我们也应时刻谨记，"人非圣贤，孰能无过？"每个人在人际关系中都会犯错，所以当人际关系出现裂痕时，我们需要及时采取行动修复受损的关系，否则就会失去一些重要的朋友。

1. 靠近你，温暖我

——认清孤独 温暖自我

 生活小故事

在我的心目中有自己喜欢的同学也有自己讨厌的同学，我能做到与他们正常相处，可是令我苦恼的是我没有那种形影不离、无话不谈的知心朋友，每当看到其他同学仨俩一伙，一块吃饭、一块说笑时，自己就有一种难以名状的惆怅。是我不好吗？我会永远孤单下去吗？我该怎么办？

 心理显微镜

一段让人不愉快的关系结束后，常常伴随着很多消极的情绪，例如无依无靠、孤单烦闷。当厌恶甚至仇恨渐渐消失，孤独却常常伴随左右。事实上，世界上的每一个人都会有孤独的体验。每个人都有自我意识，都有自己不同于他人的一面，不被人了解的一面。这些"不为人知"常常会产生孤独的感觉。具体来说，造成孤独心理的原因大约有三种：一是由于目空一切，非常自傲，认为别人都是低微平庸的，如果与这些人交往，就会掉"身价"，从而使自己陷入孤独的境地。二是由于妄自菲薄，非常自卑，认为别人会因为自己的某些短处或缺陷而看不起自己，因此筑起"围城"自我封闭，

与别人"断交"或尽可能少往来。三是由于愤世嫉俗，追求完美的"理想世界"，而这种"理想世界"又无法与现实相容，因此其所作所为常常不被多数人理解，从而造成孤独心理。

日本心理学家箱崎总一指出，孤独有两种类型，一种是自己所需要的孤独，一种是设法逃避的孤独。前者为"积极性孤独"，后者为"消极性孤独"。所谓"积极性孤独"是指有益于创造和发展的孤独，而"消极性孤独"是借助与人交往、共处可以解除的孤独。每个人都是自己人生之舟的掌舵者，航行的方向都要靠自己决定，所以积极性孤独是自己冷静探讨人生前途时的必要状态，此时人会更多地观察自己，反思自己，更清晰地听到内心的声音，这也是一种享受。

 ### 心理小锦囊

孤独对更多的人来说却是一种煎熬，也就是大多数人体验到的都是消极性孤独。我们应如何有效应对，让年轻的心灵更加充实呢？不妨尝试一下用下列几种方法来排遣孤独的坏心情：

弄清楚自己孤独的原因　由于认为别人处处不如自己而拒绝交往的同学，摆正自己与别人的关系，不要过分强调自我，要善于发现别人的优点，调整自己高傲的心态，尊重别人的价值取向和兴趣爱好，同时还要学会容忍别人的缺点或短处，多和别人交往，和睦相处，逐步从孤独境地中走出来。由于认为自己处处不如别人，不会被他人接受而产生孤独心理的同学，一定要端正自我意识，要增强自信心，既看到别人的长处，更重要的是要总结自己的优点，特别是要发扬光大自己的长处，使自己感到与别人是平等的，并要以这种心态去努力和别人交往。冲出自己给自己的束缚，克服孤独。由于现实距离理想太遥远而产生孤独心理的同学，要认真思考自己所追求的"理想世界"的真正价值，如果是现实的、可操作的，不妨义无返顾地坚持下去，同时还得寻找志同道合的人一起去追求，这样才可能获得成功。如果那是虚无飘缈的、不现实的，就必须重新考虑所追求的目标的价值，调整心态，与现实合拍，真正摆脱孤独的心。

学会独处，不要拒绝一个人的时间 每个人不可避免地都会有独处的时间，懂得珍惜独处的时光，合理利用此段时间。把握时间做自己喜欢的事情，以平和的心态面对独处的情境。努力使更成熟的自己，成为别人的好朋友、家长的好孩子、老师的好学生。培养自身利用积极性孤独的能力，加强自身的人格修养。多培养一些个人兴趣，例如运动、听音乐等等这些可以一个人进行的活动，提高独处能力，唯有自己在孤独中把握住自我，才能提高自身成功进取的自主性。

主动交流，学会倾诉 孤独时很渴望能有陪伴者、倾听者，与其坐等他们出现，不如自己主动些，多向他人打招呼、多给他人一个微笑。"用别人喜欢的方式来对待别人"这是人际交往中的白金原则。日常生活和学习中，将自己的想法和见解与他人交流分享，别人的倾听和陪伴会大大增强心理上的支持感，久而久之，就会与孤独渐行渐远。

孤独是每个人都会遇到的，要正确认识孤独、对待孤独，把握自己，尽可能地丰富自己的内心世界，学会独处，获得心灵的成长。

☺ 妙语连珠

孤　独

汪国真

追求需要思索

思索需要孤独

有时，凄清的身影

便是一种蓬勃

而不是干枯

两个人
也可以是痛苦
一个人
也可以是幸福
当你从寂寞中走来
道路便在你眼前展开

 心·动·行·动

找找自己的兴趣所在。

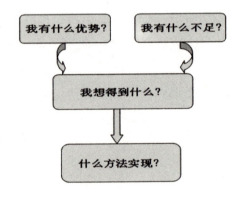

2. 用爱烘干潮湿的心

——学会安慰

 生活小故事

安安和小慧从小就是很
要好的朋友。两人在初一和
初二时成绩都比较不错。但
是自从到了初三之后，小慧
就发现安安常常无精打采，
提不起念书的劲，成绩慢慢
下滑。尤其是最近一个月，

安安变得越来越奇怪，不但不再像从前那样跟自己聊天，连饭都不
乐意吃了。小慧看到眼里急在心里，就问安安到底怎么了，这才知道，
原来安安跟妈妈闹矛盾了，觉得妈妈根本不了解她，一天到晚要求她，
觉得很累。听了这些之后，小慧却不知如何安慰她，再让安安重新
快乐起来，让两人再变成无话不谈的、快乐的好朋友。

 心理显微镜

任何人在遭受到伤痛时，都希望有人能给予安慰。其实安慰并
不全都来自于外界，我们自己也会安慰自己焦虑不安或者受伤的心
理。这种寻求安慰的心理并不只存在于人类身上。例如，猫和狗会
舔自己或者同类，这就是一种安慰；孩子会吮吸拇指来寻求安慰。
人类相比动物而言，有更多的用来安慰的方式，这些方式更容易为

社会所接受，比如咀嚼口香糖、咬铅笔或者吸管等等。

当然，大多数时候我们没有意识到这是一种安慰自我的方式。通俗意义上理解的安慰都是给予别人安慰。安慰别人是一门艺术，能够使人心情愉快、安适，反映人与人之间相互关心，充满爱意。当朋友伤心难过时，我们会自然而然地给予安慰。你会给予什么样的安慰呢？是说"别哭了，坚强点儿"来好言相劝，还是帮助他（她）分析问题，告诉他（她）"你应该怎么做"，还直接批评对方："看吧，我早就给你说过……"安慰别人的时候也要讲心理技巧，要针对不同的人，不同的事，采取不同的方式，要根据对方的心理活动，给予最贴心的抚慰。

 ·心理小锦囊

在人际关系破裂后，如何安慰自己，让自己尽快摆脱阴郁的心情呢？

过去已是往事，今天是最重要的　不管有多么悔恨、焦虑或者痛苦，过去的终将成为历史，一去不复返。未来也是充满了未知，可望而不可即，再怎么忧虑也不会得到一个肯定的答案。唯有今天才是最实实在在存在的。不要总跟过去的那些人、那些事过意不去。我们应该总结过去失败的经验，尽量预防未来的风险，把握悄悄流逝的今天，这才是最智慧的。

不要抱怨，学会乐观　当失望、伤心、难过时，难免会向他人抱怨来发泄一下，这是十分有必要的。但是偶尔可以，如果无休止的抱怨只会增加烦恼，也向别人显示了自己的无能。我们要把抱怨这种不良习惯改掉，培养一个乐观的心态。地球在不停地转动，生命在继续，不放弃，希望就会一直存在。

多用积极的眼光看世界　"水至清则无鱼，人至察则无徒。"如果只看到别人的缺点，那么世界上就没有什么好人了，也就没有办法敞开心扉地和他人交流。用消极的眼光看世界，那么世界就是残破的；用积极的眼光看世界，就会发现可爱之处。多看看别人的优点，生活就会多些美好。学会宽容这个世界，你就会发现，生活的道路也非常广阔。

自己心灵得到安抚后，我们也要学会安慰他人。正如案例中的小慧，听到安安的倾诉却不知如何安慰，这无益于两人人际关系的发展。下面我们就来学习下安慰他人的技巧：

听比说重要　人和人之间的生活体验、家庭背景、所受的教育等都有所不同，面对同一件事情，也会有不同的苦恼。因而当我们试图去安慰一个人时，首先要尽可能地理解他人的苦恼。这个时候，听就比说重要。一颗沮丧的心需要的是温柔聆听的耳朵，而非逻辑敏锐、条理分明的脑袋。我们要用耳朵和心去听对方的声音，不要着急去追问事情的前因后果，也不要急于做判断给他人指出解决问题的方法，给对方自由表达的空间，让他人能够自由地表达自己的感受。我们要放弃自己的"内在对话"，也就是在聆听时自己在脑海中不自觉的对话，包括想着说什么、如何回答等等。只有这样才有可能感同身受，对方会察觉到我们内心的波动。当我们对朋友的遭遇能够有切身的体会时，这就是一种莫大的安慰，是给予对方的最好的帮助。

允许他人哭泣　"别哭了"是我们在安慰他人时经常用到的一句话。殊不知，适时哭泣也有很多好处。哭泣是人体尝试将情绪毒素排出体外的一种方式，流泪也是疗伤的一个过程。陪对方哭，有时也是一种很好的安慰方式。陪对方走一程、真诚地告诉他"我虽然不知道自己该说什么，但是我真的很关心你"也是一种不错的安慰他人的方式。对方会在你的陪伴下，觉得安全、温暖，于是倾诉痛苦，诉说他的愤恨、自责、后悔，说出所有想说的话，当他把这些消极的情绪都表达出来后，内心就会逐渐平静下来，坦然面对自己的遭遇。所以，在让他知道你支持他的心意的情况下，要允许对方哭泣。

走进对方的心灵世界，探索对方的心路历程　在安慰他人时或许你有过这样的体验："这算什么事啊"，无法理解、体会、认同当事人所认为的苦恼常常是安慰人最大的障碍。这是因为人们容易将苦恼的定义局限在自我所能理解的范围中，一旦超过了这个范围，就是"苦"得没有道理了。由于对他人所讲的烦恼不以为然，因此，安慰者容易在倾听的过程中产生抗拒心理，迫不及待地提出自己的见解。这样并不能起到安慰的作用。因此，安慰者首先要对自己存在的偏见有正确的认识，要放弃自己根深蒂固的观念，真正站在对方的角度去看他人所面临的问题。心理专家说的"放下自己的世界，去接受别人的世界"，就是这个道理。最好的安慰者，是暂时放下自己，走入对方的内心世界，用自己的心灵来体验对方的世界。

做他的朋友，而不是他的"超人"　安慰者常常会感到自己有义务为对方提出解决办法，把他人尽快地从痛苦的处境中解救出来。殊不知，每个被苦恼折磨的人，在寻求安慰之前，几乎都有过一连串不断尝试、不断失败的探寻经历。我们不需要帮他找到所有问题的答案，但是可以竭尽全力去提供可以帮助解决问题的资源，比如新的观点、别的朋友、专家等等，帮他们找到答案。但你不是他的"超人"，不要试图帮他人解决他所有的问题。

总之，一定要设身处地思考每一句话该怎么说，不该怎么说，千万别有什么说什么，过于实在，不然就可能事与愿违，不能达到预期的效果。安慰并不等同于治疗。治疗是要使人改变，借改变来断绝苦恼；而安慰则是肯定其苦，不试图做出断其苦恼的尝试。实际上，在安慰人的过程中，所提供的任何解决方法都很可能会失灵或不适用，令对方再失望一次，故而不加干预、不给见解，倾听、了解并认同其苦恼，是最有效的安慰。所以本节课前案例中的小慧大可不必过度烦恼，只要用心地去倾听安安心灵的声音，就已经是一种莫大的安慰了。

心动行动

回想朋友或者爸爸妈妈曾经跟你诉说的一个苦恼，写到下面，然后在把安慰的话语写下来吧！

我曾听过的苦恼：

_____

_____

_____

_____

我会这样安慰他／她：

_____

_____

_____

_____

妙语连珠

人生在世，绝不能事事如愿。反正，遇见了什么失望的事情，你也不必灰心丧气。你应当下个决心，想法子争回这口气才对。

——马克·吐温

友谊是天地间最可宝贵的东西，深挚的友谊是人生最大的一种安慰。

——邹韬奋

第七篇 和好如初 莫让哀愁绕心头

3. 拨开云雾见太阳

——消除误会 重归于好

 生活小故事

案例一：我是班里的班长，为了做好老师的助手和同学们的榜样，对自己要求都是很严格的。有一次上课间操时有一位同学摔了一跤，把脚扭伤了，我就主动送他到医务室，耽误了课间操。老师却严厉责备了我，并且说如果本周班级考评因此下降的话要追究我的责任。我在老师心里不再是优秀的孩子，真是有苦难言，被误会的滋味真不好受。

案例二：一次历史课上，我和好友因为一个问题争执不休，当时我根本没有让她出丑难堪的意思，但是因为情绪激动，说了很多过头的话，让她觉得很伤自尊。从那之后，我们再也没有原来那般亲密。她真的误会我了，我确实没有要"打压"她，出风头的意思。面对她的冷淡，我感到无所适从。

 心理显微镜

有这样一则故事：从前，在美国阿拉斯加，有一对年轻人结婚，婚后生育，太太因难产而死，遗下一子。男人忙于生活，没有人帮忙看孩子，就训练了一只狗。那狗聪明听话，能照顾小孩，咬着奶瓶喂奶给孩子喝，抚养孩子。有一天，主人出门去了，叫狗照顾孩子。不料，天下大雪，主人当日不能回家。第二天才赶回家，狗立即闻声出来迎接主人。他把房门开一看，到处是血，抬头一望，床上也是血，孩子不见了，狗在身边，满口也是血，主人发现这种情形，以为狗性发作，把孩子吃掉了，大怒之下，拿起刀来向着狗头一劈，把狗杀死了。之后，忽然听到孩子的声音，又见他从床下爬了出来，于是抱起孩子；虽然身上有血，但并未受伤。他很奇怪，不知究竟是怎么一回事，再看看狗身，腿上的肉没有了，旁边有一只狼，口里还咬着狗的肉；狗救了小主人，却被主人误杀了，这真是天下最令人惊奇的误会。

误会指别人对你的看法与你的实际情况不符，是无意之中产生的认识上的错觉。误会的事，是人往往在不了解、无理智、感情极为冲动的情况下发生的，因此误会是造成关系破裂的常见原因之一。形成误会的原因主要有自身和他人两方面的因素。自身因素主要指自身的说话做事、待人接物时不够谨慎，不够周到、细致，让他人不能准确地领会你要表达的意思。他人因素主要是指每个人成长环境、思维方式等等的不同，对同一句话、同一件事的看法就不同。这些个体差异容易造成误会。

心理小锦囊

误会会给大家带来很多烦恼、不愉快。要修复关系，让双方都轻松、愉快起来，必须运用适当的方法解除误会，避免它对学习、生活带来不必要的烦恼。

误会发生时，要冷静处理　误会一开始时一直只想到对方的千错万错；被误会的一方会有自我委屈的情绪，这种认为自己是正确的、有道理的，却不被理解的感觉通常会使人不愿意开口向另一方

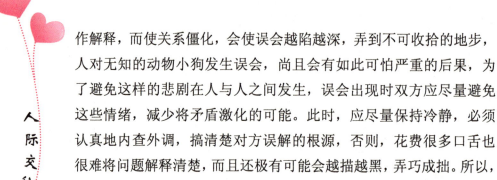

作解释，而使关系僵化，会使误会越陷越深，弄到不可收拾的地步，人对无知的动物小狗发生误会，尚且会有如此可怕严重的后果，为了避免这样的悲剧在人与人之间发生，误会出现时双方应尽量避免这些情绪，减少将矛盾激化的可能。此时，应尽量保持冷静，必须认真地内查外调，搞清楚对方误解的根源，否则，花费很多口舌也很难将问题解释清楚，而且还极有可能会越描越黑，弄巧成拙。所以，误会出现时一定要尽量保持冷静，弄清楚误会根源后才能更有利于矛盾的解决。

巧用妙招，解除误会 在解释误会的过程中，不能完全站在自己的立场上考虑问题，应尽可能设身处地地站在对方的立场来体会当时的情绪，理解对方的反应，这样也会更容易获得对方的理解。在方式方法上，既可以采用面对面交谈的方式，也可以采用书信、电话、QQ、邮件等等多种形式。采用后者可以避免双方的尴尬情绪。在解释过程中，措辞一定要简洁、明了，切勿啰啰嗦嗦，让人摸不清主题、产生厌恶情绪。语气要真挚、诚恳，充分表达自己愿意消除误会，表达自己对误会产生前两人关系的怀念之情，以及对对方的信赖和尊敬，希望与对方重新和好的急切心情。

看准时机，消除误会 误会发生后，在查明原因后应尽快处理，不能过分拖延。如果有机会可以向对方作说明，一定不要因为怯懦找各种借口推脱，一定要克服困难，战胜自己，想方设法当面表明心迹。不要轻信第三者的只言片语。在时机上，可以要考虑对方的心境、情绪等感情因素尽量选择对方心情愉快时解释原因，往往能得到对方的谅解，重归于好。

行动是消除误会最快、最有效的方法 有些误会不是单靠行动就能解释得清楚的，需要用行动来证明、来解释。如朋友误解你有了新的朋友后便对他不再像原来那么亲密友好，你又说不清楚，那么，你只要保持原来一贯的热情，尽可能地平等对待这两个朋友，让他没有被忽略的感觉，误解就会自然消失。还比如学习成绩较好的学生，一般要求得到其他同学老师格外的尊重和赞扬。如果你毫无顾忌地对他批评、指责，便会有人认为你嫉妒他。这时再怎么辩解，说明没有此意，多半也不会相信。这时，唯一对策就是在今后的学习过程中，虚心向其求教，对他人的长处给予积极肯定，在他被人攻击诽谤时，站出来讲几句公平话，这时你们以前的误会便可烟消云散。

有时误会的发生不可避免，一旦出现要注意把握以上四方面的内容来尽量化解，避免关系进一步恶化。

 心动行动

思考下列问题：

1. 生活中你曾与谁发生过哪些误会？

2. 你们之间的误会解决了吗？

3. 如果解决了，通过什么样的方法解决？如果没解决，又有什么方法可以解决？

提示

可以从以下几个方面来思考：

1. 与朋友之间发生的误会；

2. 与父母之间发生的误会；

3. 与老师之间发生的误会；

4. 与邻居之间发生的误会。

4. 对不起，我错了！

——学会道歉

生活小故事

案例一：战国时赵国舍人蔺相如（相）奉命出使秦国，不辱使命，完璧归赵；又陪同赵王赴秦王设下的渑池会，使赵王免受暗算。为奖励蔺相如的功劳，赵王封蔺相如为上卿。老将廉颇（将）居功自傲，对此不服，而屡次故意挑衅，蔺相如以国家大事为重，始终忍让。后廉颇终于醒悟，向蔺相如负荆请罪。将相和好，共同辅国，国家无恙。

案例二：同住一个宿舍的竺芳和贾芬因一件小事闹翻了脸。不久竺芳就意识到了自己的不是，她很想主动与贾芬和好。可是由于是舍友，她总担心如此做会使自己没面子，在舍友中造成不良的影响。因此，直至毕业，俩人也"老死不相往来"，这在竺芳心中，形成一个很大的心结。

心理显微镜

道歉是一门艺术，掌握不好其中的要诀，不但达不到修补关系的目的，甚至会让人觉得火上浇油。当发现是因为某些误会导致的关系破裂时，不应将错就错，而应积极主动、及时地承认错误，向他人道歉。道歉可以减轻甚至消除他人对自己的厌恶感，让友谊之花更加芬芳。心理学家研究发现，道歉应该包含三种因素。第一为补偿。例如，"对不起，我打烂了你的玻璃，我会赔钱去修好它。"第二表示出能够体会道歉对象的感受。例如，"对不起，我没经过你的同意就看了你的日记，你一定觉得我非常不尊重你的个人隐私。"第三要承认违反了生活中的规则，例如，"对不起，我没有遵守班级纪律，私自把公共财物交给了别人。"

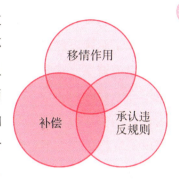

移情作用

补偿

承认违反规则

　　每个人都生活在一定的关系中，谁也避免不了在人际交往时伤害别人或者被别人伤害。尽管大多数伤害是无意的，但学会道歉和学会接受道歉，仍然是打开通向原谅和恢复关系大门的最有效的钥匙。

心理小锦囊

　　在道歉的时候，应该考虑到道歉对象的特点。不同类型的道歉产生的效果取决于受委屈之人如何看待自己。研究者发现，对那些利己主义者、独立型自我的人（强调表现自我的独特之处，与他人保持独立）来说，采用"补偿"此种道歉形式最容易被接受。基于移情作用的道歉对关系型自我的人（强调与他人的关系）会有更好的效果。而对依赖型自我的人（以与所属全体保持和谐关系作为重要的生活目标）采用"承认违反规则"此种道歉方式是最有效的。

　　如果不清楚被伤害的人属于哪种人格，在通常情况下，对于受害人来说，综合以上三种方式的多元化的诚恳道歉比起单一简洁的

方式，更能被受害人接受，从而获得原谅。

除了照顾道歉对象外，在道歉时主要注意以下几个方面：

真心诚意　道歉并不是有些人认为的一句简单的"对不起"，也不在于要拥有多么华丽的辞藻，贵在有一颗诚挚的心。尽量不要为自己的失误找原因，如果觉得非说不可，可以在诚恳的道歉之后简单地解释一下，不要喋喋不休。

用语规范　道歉时表达的含义一定要清晰、明确。很多人都听过这样的道歉，"如果不是因为你，我也不会怎样怎样"，像这样表达的歉意反而让受害者觉得错误在他自己身上。这种做法会使道歉的内容和受害者感觉的真正错误无法对接，因此也就解决不了问题。更糟糕的是还有可能进一步惹恼对方。

思考角度　要思考道歉时所站的角度，道歉方式可以是角色与角色之间（如老师和学生，母亲和孩子等等），也可以是个人与个人之间，要分清楚站在哪个立场更为合适。例如，和某位老师起了冲突，如果一方对另一方仍然充满抱怨，可以从各自角色的立场，向对方表示："为了师生之间融洽相处，应该明白尊师重道这一基本的道理。我很抱歉刚才的莽撞。"这么一来就能让双方的气氛有所缓和。个人对个人道歉方式可以是这样的，"我虽然不同意你对那件事的处理方式，但我仍然希望和你继续做好朋友，我很抱歉刚才的鲁莽。"

综上所述，在道歉时要把握的三个关键内容是承认错误、表露真心、负起责任。这三个环节紧密联系起来就能取得良好的效果以修复人际关系。真诚道歉的人才可能得到真正的原谅。当道歉成为一种生活方式的时候，我们都会得到所需要的接纳、支持与鼓励，品尝到道歉的益处。

 **心动行动**

想想你最近有没有对朋友犯下什么错误，把它写下来，然后把该如何道歉也下来。经过练习之后，去找相关的人道歉来赢得友谊吧！

_____

_____

_____

_____

_____

😊 **妙语连珠**

不习惯认错的人就得习惯一错再错。

——佚名

图书在版编目（CIP）数据

人际交往的秘密：青少年版／张萍主编．—
重庆：西南师范大学出版社，2012.6
  ISBN 978-7-5621-5792-2

  Ⅰ．①人… Ⅱ．①张… Ⅲ．①心理交往－社会心理学
－青年读物②心理交往－社会心理学－少年读物 Ⅳ．
①C912.11-49

  中国版本图书馆CIP数据核字（2012）第107622号

青少年心理成长护航丛书
主 编：李 红
副主编：赵玉芳 张仲明 高雪梅
策 划：郑持军 卢 旭

人际交往的秘密（青少年版）

主编 张 萍 **副主编** 何腾腾 李宇晴 罗婷婷

责任编辑：卢 旭
插图设计：周璟晨
装帧设计：曾易成 丁月华
出版发行：西南师范大学出版社
      地址：重庆市北碚区天生路1号
      邮编：400715 市场营销部电话：023-68868624
      http://www.xscbs.com
经 销：新华书店
印 刷：重庆市正前方彩色印刷有限公司
开 本：720mm×1030mm 1/16
印 张：10.5
字 数：130千字
版 次：2012年7月 第1版
印 次：2017年6月 第3次印刷
书 号：ISBN 978-7-5621-5792-2

定 价：24.00元